高等职业教育 新闻采编与制作专业新形态教材

电视节目策划与制作

微课版

主 编 黄滴滴 副主编 李慧颖

中国水利水电出版社
www.waterpub.com.cn
·北京·

内 容 提 要

本教材根据《“十四五”职业教育规划教材建设实施方案》（教职成厅〔2021〕3号）提出的“加强公共基础课程和重点专业领域教材建设”的原则和要求编写。在编写过程中浓缩了各位编者多年的教学经验及真实的项目经验，针对实际问题对教材进行改革和创新，力求教材在科学性、系统性和实用性方面都有保证。

本教材在内容上共分为三个模块：在电视节目策划基础概念模块中，编者将为读者介绍策划的基础概念；在电视节目策划实务模块中，通过分析各类电视节目的具体案例，一步步带领读者进入策划世界；在电视节目（栏目）制作模块中，将带领读者认识和掌握电视节目（栏目）制作的具体操作方法。

全书内容由浅入深，可作为中高职学校影视制作、新闻采编与制作及相关专业的教材，同时也可供相关行业从业者或是对影视传媒感兴趣的读者学习阅读。

图书在版编目（CIP）数据

电视节目策划与制作 : 微课版 / 黄滴滴主编. -- 北京 : 中国水利水电出版社, 2022.11
高等职业教育新闻采编与制作专业新形态教材
ISBN 978-7-5226-1081-8

Ⅰ. ①电… Ⅱ. ①黄… Ⅲ. ①电视节目－策划－高等职业教育－教材②电视节目制作－高等职业教育－教材
Ⅳ. ①G222.3

中国版本图书馆CIP数据核字(2022)第215954号

策划编辑：周益丹　　责任编辑：赵佳琦　　加工编辑：吕慧　　封面设计：梁燕

书　　名	高等职业教育新闻采编与制作专业新形态教材 电视节目策划与制作（微课版） DIANSHI JIEMU CEHUA YU ZHIZUO（WEIKE BAN）
作　　者	主　编　黄滴滴 副主编　李慧颖
出版发行	中国水利水电出版社 （北京市海淀区玉渊潭南路1号D座 100038） 网址：www.waterpub.com.cn E-mail：mchannel@263.net（答疑） sales@mwr.gov.cn 电话：（010）68545888（营销中心）、82562819（组稿）
经　　售	北京科水图书销售有限公司 电话：（010）68545874、63202643 全国各地新华书店和相关出版物销售网点
排　　版	北京万水电子信息有限公司
印　　刷	三河市德贤弘印务有限公司
规　　格	184mm×260mm　16开本　11印张　241千字
版　　次	2022年11月第1版　2022年11月第1次印刷
印　　数	0001—2000册
定　　价	39.00元

全国传媒职业技术教育联盟教材编委会

序

教材是教育教学的关键要素，是立德树人的基本载体。在全国教材工作会议暨首届全国教材建设奖表彰会召开之后，全国传媒职业技术教育联盟首批系列教材正式出版，即将在联盟内外职业院校应用。这批教材落实了职教思政建设的要求，蕴涵着行业产业前沿的技能，凝聚了编撰工作人员的心血，承载着传媒职教学生的希望，是联盟成立以来的标志性成果之一，必将在推动传媒职业技术教育“三教”改革、“三全育人”综合试点等方面起到积极作用，为培育思政品质可靠、专业技能过硬、创意思维活跃的传媒人才提供基础性支撑。

尺寸教材，悠悠国事。新时代，党中央、国务院高度重视教材建设，成立了国家教材委员会，设立了全国教材建设奖，出台了《职业院校教材管理办法》等系列制度文件，全面落实教材建设国家事权。自全国传媒职业技术教育联盟成立以来，联盟理事会紧扣国家政策文件，联合行业产业企业，组织联盟院校单位，启动了编写传媒职业技术教育教材的工作。

在教材编写过程中，参与编撰的老师充分依托联盟的平台作用，发挥主观能动性，深入行业产业调研，掌握对应领域技能迭代情况；组织线上线下研讨，结合校情学情搭建章节架构；加强编校沟通协调，有效保障教材开发出版质量，充分体现了联盟“资源共享、优势互补、合作共赢、协同发展”的宗旨，为联盟今后更好、更快、更多地出版系列教材提供了成功经验，为联盟在共定合理化人才培养方案、共育双师型教师队伍等方面开展卓有成效的工作提供了示范借鉴。

翻阅此次出版的《H5 融媒体制作项目式教程（微课版）》《新媒体内容创作实务（微课版）》《数字媒体交互设计项目式教程（微课版）》等教材，二维码等数字出版新技术的运用应引起足够重视。新时代，面向智能手机成长起来的新生代学生，作为传媒领域首个全国性职业教育共同体，我们理应在采用新媒体、智媒体技术开发新形态教材方面起到引领示范作用。在保障教材开发全面贯彻落实职教思政建设新要求的前提下，为了使传媒产业新知识、新技术、新工艺、新方法等内容准确、及时、有效进入教材，要主动将新形态教材开发与结构化教学团队建设、模块化课程内容构建衔接起来；要及时总结新型活页式教材、工作手册式教材开发经验；要积极探索增强现实技术、虚拟现实技术等复合数字教材开发模式；要统筹规划新形态教材与教学资源库、在线课程等其他数字教学资源的联动建设，以教材改革为抓手，带动教师改革、教法改革。

当然，联盟也将持续强化教材建设中的平台作用，编制建设规划，分享合作机会，加强指导评价，加大推广应用，为联盟高质量教材建设提供高水平服务。

袁维坤

前言

随着新一代信息技术在广播电视和网络视听行业的深度融合和广泛应用，人们过多地把注意力集中在高新视频、全场景视听、云转播、广电5G融合服务等新业态，而忽略了广播电视和网络视听传播的内核——节目研究。当下人们的收视习惯虽然从传统的电视大屏终端逐渐转换成移动网络小屏终端，但在节目制作上依旧是内容为王，不管传播的媒介如何，电视节目作为节目的初始传播形态，依旧有着重要的地位。

不管信息传输通道和接受终端如何变化，在海量信息时代，电视节目要在几秒内抓住观众并在受众群中形成长期的品牌效应，策划和制作既是基础又是决胜法宝。策划决定了电视节目的定位、品质和新意，制作决定了电视节目的质量和吸引力。为让有志于广播电视和网络视听行业的学子和爱好者尽快了解电视节目及其策划和制作的基本概念、理念、方法和技巧等，本书以电视载体为主，探讨如何根据不同种类的电视节目类型进行策划，并讲授基础的制作理念。

本书主要对电视节目策划基础概念、电视节目策划实务与电视节目（栏目）制作三个模块进行介绍，从概念入手，为不同类型的电视节目冠以明确的项目任务进行实践操作，以基础制作理念带领读者掌握基本的策划方法与节目制作方法。本书旨在将方法告知读者，并希望读者在掌握节目策划与制作的基础上，能够举一反三、融会贯通，领悟在不同的传播媒介中的节目的策划与制作的方法。

本书可作为中高职学校影视制作、新闻采编与制作及相关专业的教材，也可供对电视行业感兴趣的读者阅读参考。

本书由黄滴滴任主编，负责全书的修改、补充及审定，李慧颖任副主编，李锋、梁丹、李楠、邓心远、覃紫珊、吴洺和翁燕参与编写。具体编写分工如下，项目1和项目4由邓心远编写，项目2由吴洺编写，项目3由李慧颖编写，项目5由覃紫珊编写，项目6由梁丹编写，项目7由翁燕编写，项目8由李锋编写，项目9和项目10由黄滴滴编写。

由于时间仓促，本书难免存在不足之处，敬请读者指正。

编　者

2022年3月

目录

模块一

电视节目策划基础概念

项目1 初识电视节目

项目导读

电视节目是指电视台通过载有声音、图像的信号传播的作品。电视节目本身是视觉与听觉有机结合的信息产品，同时也是精神与艺术的产品，还是可供人们感知、理解和欣赏的试听作品。在当今媒体化的时代，视听作品五花八门、种类繁多，本项目就结合当下热门的电视节目（栏目）和电视频道的内容、特点、类别等带领大家踏入电视节目策划的世界。

教学目标

- 了解电视节目的类型
- 掌握各类型电视节目的特点
- 了解什么是电视栏目与电视频道
- 了解电视栏目的定位

任务1　电视节目的类型

任务描述

在了解电视节目策划之前，首先应该了解目前我们所接触到的电视节目都有哪些类型、当下受观众追捧喜爱的节目都属于哪些类别，只有对现有节目有所了解，在往后的策划学习中才能够更好地掌握不同类型节目的特性，从而针对某一类型节目做出适当的策划。

任务要求

了解电视节目的类型。

知识链接

在了解电视节目类型之前，需要对电视节目相关的一些基本概念有所认识。

1. 广播电视流程

广播电视流程包括采集、制作（集成）、播出、发射、传输和接收。采集、制作（集成）和播出这些工作在电台和电视台完成；发射和传输工作在广播电视技术中心（包括众多遍布各地市的发射、传输台，它们承担无线发射传输）、有线传输公司完成；接收就是广大用户群众收看的过程。

2. 中央广播电视总台

中央广播电视总台由原中央电视台、中国国际电视台、原中央人民广播电台、原中国国际广播电台合并组建于 2018 年 3 月，由中共中央宣传部领导。

3. 上星频道与地面频道

上星频道是电视台把播出的节目上传，通过卫星转发的频道，即卫星频道。用卫星天线（锅）接收的节目即卫视节目。有线公司把卫视节目通过线路传到千家万户，就成了有线电视。

地面频道又叫普通频道，属于区域性媒体。其信号是靠发射塔发射的，功率有限，只能在所在市或附近市收看到。地面频道不是通过卫星传播的频道，因为其通过地面铺设光纤等途径来传播，所以叫地面频道。

上星频道和地面频道的区别在于信号的传输设备、途径不同。

除了中央广播电视总台的 24 个频道（CCTV1HD、CCTV2HD 等），大家耳熟能详的湖南卫视、东方卫视、浙江卫视、广西卫视等省级频道都属于卫星频道。

任务实施

一、认识各大电视台经典电视节目

1. 中央电视台

（1）《新闻联播》。《新闻联播》是中国中央电视台每日晚间播出的一档新闻节目，被称为“中国政坛的风向标”。节目宗旨为“宣传党和政府的声音，传播天下大事”。

（2）《焦点访谈》。《焦点访谈》于 1994 年由中央电视台新闻评论部创办，节目定位是“时事追踪报道，新闻背景分析，社会热点透视，大众话题评说”。自开播以来，其受到党和国家领导人、各界观众的广泛关注和重视。它以深度报道为主，以舆论监督见长，是中央电视台收视率最高的栏目之一，多次获中国新闻界最高奖项。栏目平均每天收到数千条来自观众通过电话、信件、传真、电子邮件、QQ 等方式提供的收视意见和报道线索。

（3）《百家讲坛》。《百家讲坛》是中央电视台科教频道于 2001 年 7 月 9 日开播的讲座式栏目，栏目宗旨为“建构时代常识，享受智慧人生”。《百家讲坛》选择观众最感兴趣、最前沿、最吸引人的选题，追求学术创新，鼓励思想个性，强调雅俗共赏，重视传播互动。栏目选材广泛，曾涉及文化、生物、医学、经济和军事等各个方面，现多以文化题材为主，并较多涉及中国历史、中国文化，具有科普历史知识及深入点评讲解的作用。

（4）《中国诗词大会》。《中国诗词大会》是中央电视台首档全民参与的诗词节目，节目以“赏中华诗词、寻文化基因、品生活之美”为基本宗旨，力求通过对诗词知识的比拼及赏析，带动全民重温那些曾经学过的古诗词，分享诗词之美，感受诗词之趣，从古人的智慧和情怀中汲取营养、涵养心灵。

（5）《朗读者》。《朗读者》是中央电视台推出的一档大型文化情感类节目，于中央电视台综合频道与综艺频道黄金时间联合播出。以个人成长、情感体验、背景故事与传世佳作相结合的方式，选用精美的文字，用最平实的情感读出文字背后的价值。节目旨在实现文化感染人、鼓舞人、教育人的传导作用，展现有血有肉的真实人物情感。

2. 湖南卫视

（1）《快乐大本营》。《快乐大本营》是湖南卫视推出的一档嘉宾访谈游戏秀节目。节目以游戏为主，辅以歌舞及各种形式的节目。

（2）《天天向上》。《天天向上》是湖南卫视于 2008 年 8 月重磅推出的一档文化公益脱口秀节目，现已成长为湖南卫视两大王牌节目之一，是湖南卫视周末娱乐节目中最具标识性的节目。节目以传承中华礼仪文化和倡导社会公德为主旨，每期邀请演艺明星、社会特色群体及企业界的知名人士作为嘉宾参与访谈和表演。

（3）《向往的生活》。《向往的生活》是由湖南卫视推出的一档大型生活服务纪实节目。节目中，主人公与嘉宾一起“守拙归田园”，为观众带来一幅“自力更生、自给自足、温情待客、完美生态”的生活画面。

3. 东方卫视

（1）《梦想改造家》。《梦想改造家》是由东方卫视打造的一档家装改造节目。每期节目聚焦一户有住房难题的家庭，并委托设计师在有限的时间里使用有限的资金为其房屋进行“爱心改造”。节目突破性地改变传统装修类节目以美化外观为主旨的节目样式，聚焦与住房难题息息相关的家庭故事和人物命运，通过颠覆性空间布局重置、细致入微的人性化设计，把人文情怀贯穿其中，用温暖而光明的故事结尾，激荡彰显出人性的善良。住所改装完成后，节目真实记录入选家庭返回家园的全过程，记录他们幸福的泪水、感动的笑容。演播室中，主持人和明星再次评点改装中的匠心和亮点，强调突出一些高科技、高品质的功能设计和装修材料背后的人文关怀、爱心和科技含量。《梦想改造家》节目的 VCR 从多种视角拍摄，如以施工队工人的视角展示了装修与以往不同的地方和困难；以设计师个性化的视角，在施工现场介绍对焦点问题的解决方案；以演播室还原家庭实景的视角，为家庭提出装修产品和服务的建议。节目结合各个家庭的故事背景，展现了对他们居所改造方法的各个视角。

（2）《急诊室故事》。《急诊室故事》是一档固定摄像头拍摄的急救纪实真人秀节目。节目核心立意是直面社会广泛关注的医患矛盾、信任危机，并始终坚持“生命有痛，有你真好”的主导思想，通过深入挖掘一个个真实而充满人道主义精神的救治故事，赞颂生命的力量与尊严，传递社会正能量。让观众看到病患如何被救治，感受到救治过程中医患间、病人与亲友间的各种情感迸发，节目全方位纪录、还原真实医患关系，直击中国医疗现状，带领观众感悟人生百态。

4. 广西广播电视台

（1）《超级点子王》。《超级点子王》是广西都市频道一档带有“脱口秀风格”的生活家政服务类电视节目，于2015年5月26日在广西卫视开播。节目以生活服务、生活妙招、下厨秘诀为主要内容，以弘扬中国传统文化、传播社会主义核心价值观、记录广西人的美好生活故事为主旨，传递节约节俭的精神，贴近民生、服务百姓生活。

（2）《广西工匠》。《广西工匠》是由广西广播电视台制作的系列专题片，由自治区总工会和广西广播电视台联合摄制，共十集，旨在向全社会传播“广西工匠”匠心筑梦的典型故事，唱响以劳动托起中国梦的时代赞歌。《广西工匠》系列专题片展现了“广西工匠”精益求精、追求卓越的精湛技能，执著坚守、爱岗敬业的职业操守，传授技艺、推陈出新的传承精神。

二、电视节目的类型与特征

我国电视节目种类繁多、样式丰富，其分类标准也十分多样化，有以内容性质、节目形态为标准的分类，也有以受众的职业、年龄和性别等特征为标准的分类，或是以电视节目的实用性为标准的分类。例如，以内容性质作为划分标准，电视节目可分为新闻类电视节目、教育类电视节目、文艺类电视节目和服务类电视节目；以电视节目的形态为划分标准，可分为消息类电视节目、专题类电视节目、访谈类电视节目、晚会类电视节目和竞赛类电视节目；以受众特征为划分标准，则可分为少儿类电视节目、老年人类电视节目和军事类电视节目；等等。但需要知道的是，电视节目类型并不是单一的，一档节目也许是不同类型的电视节目的融合，所以本教材为方便学生对电视节目类型的理解，将根据电视节目的内容形态进行分类，即把整个电视节目分为电视新闻类节目、电视娱乐类节目、电视社会教育类节目、电视服务类节目及电视访谈类节目来进行介绍。

1. 电视新闻类节目

电视新闻类节目是以电视为传播媒介，除了包含新闻的时效性、真实性、客观性、重要性和趣味性以外，还具有声画合一、试听兼备的传播特性。《新闻联播》《焦点访谈》属于电视新闻类节目，符合该类型电视节目的特征。

2. 电视娱乐类节目

电视娱乐类节目具有电视的传播特性及艺术性，包括音乐、戏曲、舞蹈、杂技、综艺、电和电视剧等内容，如今还增添了“真人秀”这一新兴的内容，它们已经不是原有的艺术形态，而是经过了电视化的新样式的艺术呈现。上述许多节目都属于电视文艺类节目，同时也是广受观众喜爱的节目类型。

3. 电视社会教育类节目

电视社会教育类节目是指以社会教育为宗旨的电视节目的总称。它是以电视作为传播媒介，对受众进行知识科普与社会文化教育的一种节目，旨在传播知识、引导思想、指正行为。《百家讲坛》属于电视社会教育类节目，而《中国诗词大会》从教育意义和知识文化普及方面来说也可以属于此类节目。

4. 电视服务类节目

电视服务类节目顾名思义就是对观众提供服务性信息的电视节目。这类节目以实用性内容为主，针对观众的衣食住行等方面提供服务，注重内容的价值，以满足观众现实生活中的各种需求。

5. 电视访谈类节目

电视访谈类节目是电视节目主持人在营造出来的适合交流的时空环境中，通过沟通和深入的探询，来展示访谈人物的人生经历，揭示访谈人物的内心世界。电视访谈类节目重在人物，节目会以访谈嘉宾为中心展开话题。我们熟知的访谈节目有《面对面》《艺术人生》《实话实说》《对话》等。

在本项任务中，同学们可以大致认识到电视节目的类型。在后面的项目学习中，将会带领大家更深入地学习各类电视节目，并通过完成各个项目的策划案来掌握不同类别的电视节目的策划方法。

任务 2　认识电视栏目与频道

任务描述

在任务 1 中已经为大家简要介绍了电视节目的类别及各类电视节目的特征。在本任务中，将带领大家认识什么是电视节目和电视栏目、它们之间的关系是什么，以及了解电视频道的概念。本任务旨在让同学们对电视节目有一个初步和简要的认识，以便于后面深入的学习。

任务要求

- 了解电视节目的概念。
- 了解电视节目与电视栏目的关系。
- 简单认识电视频道。

知识链接

1. 制作一档电视节目的工作人员组成及分工

在正规的电视台中，电视节目的制作是分工明确的，涉及各个工种与职责，但在不同性质、不同类别的节目中，主要工作人员配置与工作内容会有稍许的不同。接下来将以最基本的配置介绍一档电视节目的运作所需要的工作人员及其分工。

总制片（总导演）：节目的总指挥，主导并确认节目的整体走向，明确节目的整体策划和大框架等，负责节目所有的审核工作与协调工作。

主编：主编协同总制片负责节目主题的选定、内容的审核以及节目的编排。

编导：根据节目整体的方向寻找内容题目、联系采访、编写稿件，在拍摄现场负责掌控和调度、编辑成片。

摄像：负责现场拍摄。

主持人：负责节目的出镜主持、稿件配音等。

后期：负责把编导做好的片子串联成一期完整的节目，并根据节目风格制作包装、字幕、配乐等。

完成的节目成片会由主编到总制片再到频道总监一层层审核，审核通过的节目将会交到播控部门进行播出。

一期完整的电视节目需要由总制片掌控内容走向并进行各工种的调度，各工作人员协同合作完成，最后呈现给观众。

2. 策划人要素

当今，电视节目层出不穷，能够在市场上占据一席之位的必有其新颖之处。其中，策划人在当中起到了至关重要的作用，可以说是一档节目的灵魂人物。作为一个电视节目的策划人，必须具备以下要素。

（1）文化素质。文化素养是电视节目策划人的基本素质要求，需要策划人能够博览群书，具备足够的文化知识，并且紧跟时代，不断自我更新；除此之外，还必须拥有扎实的文字功底。一个好的电视节目策划案最终都将形成文字呈现出来，这就要求策划人拥有强大的文字功底，将自己的所想所知清晰明了地通过文字表现出来，并传达给团队的人员。

（2）专业素质。作为电视节目的策划人，还必须具有过硬的专业素质，必须熟悉电视媒体各类节目的运作流程、人员组织、节目编排、受众分析和制播流程等；对于电视节目制作的前期选题创意、文案和脚本编写，中期的沟通、组织和拍摄，后期的剪辑、合成、审片都必须了如指掌，对于电视节目的“采、编、播”各个环节的联系与配合能够熟练掌控。除此之外，策划人还必须具有政治敏感性、敏锐度、创新意识、掌控和调度能力。

首先，电视媒体作为党和政府的喉舌，在传播中起到至关重要的作用，所以电视节目的策划人必须在思想上有深度、在政治上有高度。高度的政治敏感性和对优质制播内容的把握是一个好的节目策划的核心。

其次，在信息化快速发展的当今社会，电视媒体策划人还必须有对电视媒体特性发展的敏锐度，能够精准把握受众群体的习惯走向和对内容的期待方向，同时也要把握好时事发展的走向，拥有敏锐的“嗅觉”；同时，策划人的创新意识也是必不可少的，一个好的节目策划一定有它的亮眼之处，如何吸引收视群体，并在众多节目中脱颖而出，创意必不可少，而策划人必须能够针对不同类型的节目、受众有目的地拿出新颖独特同时又具有可操作性的创意。可以说当下的电视节目在制作上并不会太困难，其难点在于创新。

最后，策划人还必须具有掌控全局和调度所有工作人员的领导能力，电视节目不可能靠一个人完成，优秀的电视节目必定是团队协同创作的成果，团队的合作至关重要，有时候策划人在团队中会充当总导演、总指挥的作用，因此策划人必须具有良好的沟通能力和调度能力，才能使团队更好地合作，从而制作出优秀的电视节目方案。

任务实施

一、认识电视节目与电视栏目

电视节目是电视台通过载有声音和图像的信号传播的作品。它是视听相结合的信息产品，承载了声音和图像，其中声音包含声效、音乐以及有声语言；图像则包含了实物图像以及绘制的图形图像。但不是所有包含了图像与声音的作品都可以称之为电视节目。电视节目是图像与声音有机完美的结合，通过对图像和声音进行一定的艺术加工作为载体，以电视传播作为媒介，向观众传递信息。

电视作为传播的媒介具有即时性、真实性的传播特性，但在当今日益发达的信息社会，电视传播虽然有即时性，但又落后于网络，并有着线性传播的特征，所以随着时代的发展，许多电视节目实行多平台播出。

电视节目是电视台所播出的具体内容和项目的基本单元，电视栏目化则是把同一题材内容或是性质、功能相近的节目归入一个固定时长、固定的时间段，并冠以一个固定的名称进行播出，所以也可以称为电视栏目。

电视栏目与电视节目既有联系也有区别。电视栏目是一个长期并且固定的节目，例如中央电视台的《今日说法》栏目，它每天都在固定的时段播出，栏目的主持人是固定的，栏目的内容题材也是固定的，但是每一期所呈现的“说法”案例不同，嘉宾也会变换。而电视节目是指特定时间中播出的内容，或者是在固定栏目中播出的相对独立的单元，例如《今日说法》栏目中的一期《解救被拐婴儿》节目。

二、认识电视频道

电视频道可以分为专业频道和综合频道。专业频道是以某一专门方面的内容为主，为收视群体提供专业的单一服务，满足受众在某个领域的特定需求，例如中央电视台少儿频道，它是以少年儿童为受众对象开设的电视频道，于 2003 年 12 月 10 日开始试播，于 12 月 28 日正式开播。而综合频道则是通过综合性的节目设置，满足受众各方面与各层次的需求，为收视群体提供全面综合的服务，例如央视一套（全称为中央电视台综合频道），它是以新闻类节目为主的综合类电视频道。

1958 年 5 月 1 日，中国第一座电视台北京电视台（中央电视台的前身）开始试验播出，1978 年 5 月 1 日，北京电视台正式更名为中央电视台；1987 年 2 月，中央电视台第二套节目由面向北京改为面向全国播出，实现了向经济频道的转变，并且中央电视台还增办了第三套以文艺节目为主的电视频道。

截至 2021 年 12 月，我国国家级的电视频道有 31 套，其他地级以上的电视频道有 1166 套，相较于专业频道而言，综合频道节目类型丰富多样，收视群体复杂广泛，在收视方面能够形成较明显的高峰与低谷。

纵观各个电视台的综合频道，可以发现专业化、具有竞争性的综合卫视都有自己的明确定位，以中央电视台综合频道为例，综合频道集合了精品栏目，节目内容丰富，种类齐全，可满足了其广泛的收视群体；其次，综合频道类型齐全的电视节目保证了普遍收视群体的娱乐和获取一般新闻的基本需求；最后，栏目的精品化也是保证综合频道质量水平的一大措施，通过电视台内部资源的调整，保证了综合频道的核心地位。

电视频道的节目内容编排应该按照定位满足于受众最广泛的收视需求，频道的节目类型应该丰富多彩且分配平衡，将电视的三大传统功能——信息、服务、娱乐做到合理搭配，根据频道的实际情况按比重分配，以尽可能地满足受众需求。

电视频道的节目编排在形成一定的固定模式之后，并不是一成不变的，而是需要审时度势，根据受众的收视习惯合理且灵活地调整和改动。值得注意的是，假期时间是节目编排灵活性的最大化体现，例如在节假日，某些频道栏目便会推出与假期相关的特别节目，以满足假期中收视群体的需求。

电视频道的节目编排看似简单，但若是编排得当，便能留住观众，培养观众在特定时段的收视习惯，从而创建电视栏目的品牌形象，吸引更多受众，为频道创造更大收益，形成良性循环。

下面以 2022 年 2 月 27 日中央一套的节目单（表 1-1）为例，了解它在节目上的编排。

表 1-1　中央一套节目单

	时间	节目
上午	00：06	星光大道—2022-9
	01：25	晚间新闻
	01：57	特别呈现 2022-8
	02：47	精彩一刻—2021-178 美丽中国阿尔泰山红桦林（4K）

续表

	时间	节目
上午	02：52	精彩一刻—2021-179 美丽中国阿尔泰山可可托海（4K）
	02：59	典籍里的中国——《周易》（精编）
	04：29	今日说法—2022-57
	04：57	新闻联播
	05：27	人与自然—2022-41
	06：00	朝闻天下
	08：38	特战行动第 29 集
	09：27	特战行动第 30 集
	10：15	特战行动第 31 集
	11：03	特战行动第 32 集
	11：52	2021 秘境之眼—349
	12：00	新闻 30 分
下午	12：35	今日说法—2022-58
	13：07	当非遗遇上冬奥—21
	13：14	开讲啦—2022-9
	14：03	今生有你第 26 集
	14：53	今生有你第 27 集
	15：45	今生有你第 28 集
	16：34	今生有你第 29 集
	17：21	美术经典中的党史—100
	17：39	艺术里的奥林匹克—2022-13
	17：57	正大综艺——动物来啦 2022-4
	18：52	2022 秘境之眼—49
	19：00	新闻联播
	19：40	焦点访谈
	20：02	前情提要——《人世间》第 53 集
	20：06	人世间——（高清文件首播版）第 53 集
	20：56	前情提要——《人世间》第 54 集
	20：59	人世间——（高清文件首播版）第 54 集
	21：51	2022 秘境之眼—16
	22：00	晚间新闻
	22：36	种子 种子—1
	23：15	正大综艺——动物来啦 2022-4

任务3 了解电视栏目的定位

任务描述

定位是栏目策划中的一个重要内容。策划，本意为筹谋、计划或者谋略，现在引申为实现特定的目标，提出新颖的思路与策划创意，并注意操作信息，制订出具体实施计划方案的思维及创意实施活动。策划要以目标为起点，以信息为基础素材，围绕创意这个核心展开思维活动与实践活动。电视策划的重要内容是定位，包括频道定位和栏目定位。定位的准确与否，直接关系到栏目的生存与发展问题。

任务要求

- 掌握电视栏目定位的含义和内容。
- 了解影响电视栏目定位的因素。
- 掌握电视栏目定位法则。

知识链接

1. 电视栏目的产生和发展

随着电视技术的改进，电视栏目的播出形式在不断地发生变化，但从中国电视节目史中可以发现栏目定位准确的重要性。

2. 认识电视栏目

（1）栏目的定义及内容。电视栏目是电视台每天播出的相对独立的信息单元，主要是单个节目的组合，是按照一定内容（如新闻、知识、文艺）编排布局的完整表现形式。它有固定的名称、固定的播出时间（即起止时间固定）和固定的栏目宗旨，每期播出不同的内容，来吸引人们的视线，给人们带来信息知识、享受、欢乐和兴趣。

（2）栏目的播出时间。单个栏目大则类似报纸的一个版，小则类似报纸的一个专栏。各个栏目占用的时间长度不尽相同，长的可达一至数十小时，短的则仅几分钟。单个栏目中，根据栏目定位的不同需要，内部也可以设置相对固定或不固定的小专栏（又称子栏目）。每个栏目的播出周期也不同，有日播栏目、周播栏目和隔周播栏目。

任务实施

一、电视栏目的定位

1. 电视栏目定位的涵义

电视栏目定位是指栏目所确定的自身在现实中的位置、栏目所担负的任务和栏目的宣传对象。定位是一个栏目的灵魂，决定着一个栏目与其他栏目的区别。准确而又清楚的定位是一个栏目能否拥有生命力的关键。

2. 电视栏目需要定位

当今世界，信息业的发展建设速度惊人，可供受众选择的信息源愈来愈多。作为相对成熟的现代电子大众传媒的广播电视，正由传统的“广播”（Broadcasting）向“窄播”（Narrowcasting）发展。由于现代受众拥有越来越多的选择自由，电视节目只有经过精确的节目定位才能吸引特定的受众群体，达到传播目的。

二、定位的内容

1. 栏目的对象定位

对该栏目的受众对象进行明确定位是一个栏目成败的关键因素之一。

当今社会，大汇总传媒发展和信息总量急剧增加，使受众对象接受、选择媒介信息的空间随之增大、主动性增加、随意性加快。选择的结果是受众大量的分化，由一部分在观念、态度、志趣及需求方面趋同的受众形成了一些相对稳固的受众群体。

2. 如何明确受众对象

（1）要注意寻找受众群体的空白点，另辟新的发展空间。

（2）要注意对受众群体进行新的分类重组，获得新的发展天地。

例 1：中央电视台的《经济半小时》。

收视对象：25 ～ 50 岁（拥有较高消费能力和投资决策能力的高素质人群）。

栏目宗旨：贴近现实，关注民生。

栏目目的：用大众化的社会经济新闻拓展更为广泛的收视人群。

例 2：湖南长沙电视台女性频道成功的原因之一就是在于它的受众定位比较明确（完全关注世纪女性的世纪生存，致力于 21 世纪如何做女人）。

3. 栏目的内容定位

栏目的内容定位主要指栏目的宗旨、性质、文化品位和地方特色等，是立足于受众需求、传播目的和面对媒介产品的决策。

4. 栏目的宗旨

栏目的宗旨是一个栏目的“主心骨”，是栏目的“魂”。它大致规范了栏目的表现范畴，也是形成一个栏目特色的重要标志。

具有优秀宗旨的栏目举例如下：

《东方之子》定位于“浓缩人生精华”。

《生活空间》（现在改为《百姓故事》）定位于“讲述老百姓自己的故事”。

《焦点访谈》定位语中的“时事”与“热点”点明了栏目内容报道的范畴，“报道”与

“评说”表明了栏目为“述评”结合的评论方式,“分析”与“透视”体现了栏目的报道深度。后来，其定位语改为“用事实说话”。

如果受众定位是解决为谁服务的问题，那么内容定位就是解决为受众提供什么服务的问题。例如中央电视台第四套节目《中国报道》栏目是一个对外报道的新闻类栏目，它的任务是向世界报道中国，以中国人的视点报道世界。

内容定位应该满足两个功能的需要：①提供新闻信息和新闻背景（记者采访获取）；②提供权威认识的新闻分析和评论（主持人采访，将专家的观点原汁原味地传达给观众）。

5. 栏目的文化品位定位

栏目的文化品位定位是根据宗旨、受众群体等因素对栏目内容文化含量、文化风格的定位（电视作为大众传媒之一，内容有高雅和通俗之分，文化内涵有深浅之别）。电视栏目应该以大众化为主体，各个栏目可根据特定的对象及栏目性质而定。

例 1：中央电视台的《环球》是一档以介绍外国的地理、历史、风土人情、文化艺术、经济和科技等为主要内容的大板块节目。《环球》四条定位：①外国的而非中国的；②知识性的而非文艺或新闻的；③高文化品位而非低级庸俗的；④活泼的杂志型而非古板的专题型。

例 2：《经济半小时》。

开栏之初收视对象：中国的中产阶级和中小投资者。

改版之后降低门槛，选题是大众化的，报道视角是平民化的。

定位：用经济的眼光看社会热点，选题必须与老百姓相关、与经济相关，如果找不到与老百姓或与经济相关的内容就不做。

6. 栏目的形式定位

媒介吸引力的根本在于内容，形式也不可忽略。内容决定形式，形式又强化和美化内容。

电视媒介的形式主要表现在栏目的结构形态、表达方式及时段选择等方面。

栏目的结构形态主要有杂志型和专题型。

（1）杂志型栏目：一般以 30 ～ 50 分钟的节目长度为宜，形式上成板块结构，综合变化，灵活多样。

例 1：电视新闻杂志型栏目《东方时空》设有《东方之子》《百姓故事》《时空连线》等子栏目。

例 2：美国 CBS《60 分钟》（60minutes）栏目虽然按内容分为几大块，但并不设子栏目，而是通过主持人承上启下的解说将若干部分板块内容串联在一起。如中央电视台的《生活》栏目，改版前由《背景》《消费驿站》《生活留言》《百姓》《特别呼声》5 个子栏目组成，改版后其服务大众、贴近生活的宗旨没有变，但形式上没有原先那种子栏目间的明显的隔断感，而是通过主持人更具亲和力的表达方式将各段内容有机地串接在一起。

（2）专题型栏目：每期栏目由一个独立完整的报道构成，没有设计安排若干小栏目。

例如《焦点访谈》《新闻调查》等都是由一部纪录片式的报道或调查式的报道或访谈式的报道形式完成一期栏目内容的制作，使报道具有一定深度。

7. 栏目时段的确立

栏目时段的确立是电视策划中需要慎重考虑的因素。一般来说，黄金时段的节目收视率要高一点，所以黄金时段也就成了制片人竞争的热点。

例：中央电视台的《经济半小时》，原定位在第二套节目的每晚 8：30 播出（真正的黄金时段）。但是经调查发现，栏目定位的受众在这段时间很少有人有时间坐下来收看，绝大部分中产阶级的最佳收视时间是在晚上的 9：00 以后，因此，该栏目的首播时间已调整到每晚 9：30。

三、影响电视栏目定位的因素

1. 市场竞争因素

一个栏目定位的环境基础是激化的传播媒介竞争，这同时也会影响一个栏目定位的确定。近几年来，随着中国改革开放的日益深入，在各种媒介纷纷争夺市场的同时，同一媒体的各电视台之间也进行着一场激烈的“争夺”，中央电视台、各省级电视台等纷纷对自己拥有的频道进行专业化的改版、创新，力图以专业化频道的形式向“窄播”发展，以满足部分受众的需求，适应市场竞争中新的形势需求。在这样激烈的竞争环境下，要求电视工作者必须对自己所创办的栏目进行准确的定位，才能获得成功；相反则会失败。

2. 受众需求因素

电视栏目定位需要事先周密搜集、分析资料，根据其覆盖区域特征、目标受众的新闻敏感度、感知热点和兴趣爱好所在，以及主创人员的业务水平和主持人驾驭调控现场节目的能力等方面的因素进行综合评估，才能制定出准确的栏目定位。

四、电视栏目定位法则

1. 政治标准法则

政治标准法则对于电视工作者来说是很重要的法则，我国的传播媒体是以政治导向是否正确为第一法则。

2. “比附”位置法则

“比附”位置法则是栏目定位的方法之一，也是电视栏目定位的法则之一。如果某一领域没有强大的对手，那么占据“第一”的位置就是定位的巨大成功；如果对手过于强大，那么在整个领域的首域占据“第二”位置，转而在该领域的属域建立“第一”位置——这个首域第二、属域第一的位置被称为“比附”位置。

3. 个性化法则

在一个名牌栏目下派生出来的一批栏目可以在短期内使一个频道的受众面迅速扩大，而且可以节省许多策划、包装、宣传方面的精力和费用。但经过几年的实践，这类纯属效仿性质的栏目不是改版就是被停办，这一现象应该引起我们的注意。

五、电视栏目的创新

1. 创新意义

核心竞争中，在未来的媒体竞争中，媒介市场份额的争夺成为竞争的重点，而要保持一个媒体（频道）的恒久竞争力，就必须打造一批自主生产、具有原创或首创的特色栏目，才能拥有别人无可比拟的核心竞争力。

2. 创新条件

（1）研究社会的脉搏和蜕变。

（2）研究社会结构的深刻变化、思想观念的深刻变革、利益关系的深刻调整。

（3）抢先机、蓄后劲、创名牌、占市场。

3. 创新模式与模仿

创新模式与模仿有三种方法或途径，具体如下：

（1）引进中的模仿。

（2）注重相似中的差异。

（3）跟进中的超越。

思考与练习

1. 电视节目可划分成哪些类型？各类型的特征是什么？
2. 写出一档自己喜欢的电视节目，为它划分类别并写出该节目的内容特色。
3. 电视节目与电视栏目的区别是什么？

项目2 初识策划

项目导读

从客观形态来说，中国电视经历了从节目建设阶段——栏目建设阶段——频道建设阶段的历程;从主体形态来看，中国电视经历了制作人——制片人——策划人的变化过程。中国电视如今正处于专业频道建设阶段，而其核心就是策划。通过对本项目的学习，学生可了解什么是电视节目策划，从而更好地完成电视节目的策划。

教学目标

- 了解策划对电视节目的影响
- 掌握电视节目策划的基本流程

任务1　了解策划对电视节目的影响

任务描述

通过分析策划对电视节目的影响，对影响节目策划的因素进行分析，从而明确电视节目中策划的重要性。

任务要求

了解策划对电视节目的影响。

知识链接

任何一个电视人想必都会清楚地知道，策划影响着电视节目的制作。电视策划，或者说编制节目的制订计划阶段，在电视节目制作的流程中就像是在打地基。策划就是编导制作节目的基础，对节目优劣好坏起到至关重要的作用。无论是哪一类型的节目，甚至是电视台播放的短短几十秒的广告，都是策划的结果。

“策划是一种程序，在本质上是一种运用脑力的理性行为。所有的策划基本上都是关于未来的事物，也就是说策划是针对未来要发生的事情做当前的决策。换言之，策划是找出事物因果关系，衡量未来可采取之途径，作为决策之依据，对节目有统筹的掌握。亦即策划是预先决定做什么、何时做、如何做、谁来做。策划如同一座桥，它连接着我们目前之地与未来我们要经过之处。”这是中央电视台资深编辑王甫教授在央视培训教材《电视节目策划》中的表述，言简意赅地阐述了策划对电视节目的必要性和重要性。那么，接下来，我们一起来了解策划对电视节目究竟有着哪些重要的意义。

1. 策划对电视节目的影响

（1）策划是电视节目生产和运作实施取得成功的保证。据统计，观众手中的遥控器只会给电视节目几秒钟的表现机会，要在几秒钟内抓住受众的视觉，就需要通过策划来实现。策划人员在坚持正确的舆论导向的同时，要有效挖掘和优化现有资源，使目标和效果达成一致，策划出立意新、形式新、观念新、风格新和技巧新的全新节目，以达到抓住受众的眼球使节目能够长期运作的目的。因此，策划是保证节目能够生产和运作的必备条件。

（2）策划可以为电视节目的运作指明方向。策划作为思维与行动、主观与客观之间不可缺少的联系环节，对人们的行为，尤其是创造性行为具有指导的意义。在策划过程中，策划人需要调动自己的全部经验累积和智力储备，去认识、分析、判断、推理、预测、想象、运筹、规划、监督、调整直至完成整个活动。它就像一个纲领，为电视节目的产生提供计划、步骤和方法，使节目的生产和运作有章可循。

（3）策划为电视节目提供了创新的可能性。随着社会的发展，人们接受新观念的速度越来越快，在网络发达、新媒体纵横的新时代下，电视节目要顺应社会的发展、受众的需求，就必须始终保持着活跃的、新鲜的思想状态和模式。这也就要求策划人、电视工作者的思想意识要具有开放性，能够善于并且乐于去探索新的观念、思路，从而产生对节目的策划的创新，创造出更多优质的电视节目。

（4）策划可以增加电视节目的竞争力。电视节目策划可以通过对各类媒介信息的分析，来推测受众喜好，推断节目发展的趋势，对节目进行设计、预测、开发与评估，为节目提供智力支持，以避免不必要的决策失误，保证资源得到充分的开发和使用，从而给节目提供“养料”，提高市场竞争力。

（5）节目策划能推进社会文明发展。电视作为一种媒介，有着多元且复杂的文化功能，给受众提供了价值观的交流，实现了文化的交流，具有深远的文化建设意义。

因此，一个好的电视节目策划，除了能够打造优质的节目外，对人类个体的社会化，推进经济形态与社会政治变革，推动文化的交流、传播和发展等方面具有正面且积极的影响。

2. 策划对电视节目的重要性

社会的进步、电视事业的蓬勃发展和电视受众的日渐成熟，使得电视人逐渐将电视节目的题材视为电视节目策划的首选，是重中之重。一次成功的策划，能使一个栏目登上收视率的排行榜，而长期且成功的策划还能生产出一个名牌栏目。栏目的准确定位就是一种战略性的策划。

在 1993 年的 10 月下旬，《生活空间》栏目横空出世，每天为观众讲述一个老百姓自己的故事，把栏目的宗旨“讲述老百姓自己的故事”作为标识映现在屏幕上，做到贴近群众、贴近生活、风格独特、雅俗共赏。这一定位打破了当时电视节目的基本模式，使《生活空间》栏目亲切、鲜活、独家、平视的特点体现得更加明确。2000 年 11 月，《生活空间》改名为《百姓故事》（图 2-1），继续向大家讲述着老百姓自己的故事。

图 2-1 《百姓故事》

上述案例充分说明了一项出色的选题、一个优秀的策划，就是一个栏目成功的开始。经过精心策划的节目，能够充分体现出电视工作者的构思、观念和智慧，更能体现团队的整体水平、采编能力及作品的品位和深度。策划的实施保证了电视传媒在全面建设小康社会、在社会主义“三个文明”建设中为构建和谐社会做出独特的贡献。

任务实施

接下来介绍影响电视节目策划的三个因素。策划对电视节目的影响是十分巨大的，其直接影响着电视节目的质量和寿命。媒体环境因素、受众心理因素和市场需求因素是影响电视节目策划的三大因素。为了保证电视节目策划的质量，策划人员应深入研究这三大因素，从提高策划人员的思想与觉悟、科学地选择电视节目的题材、在策划过程中注入创新思维这三个角度出发，不断地提高电视节目的质量，优化电视节目的传播效果。

1. 媒体环境因素

媒体环境因素影响电视节目策划主要来自于以下两方面。

第一，国家政策影响。国家政策是政府部门、国家领导机构维护社会秩序的宏观导向，是电视节目策划需要始终遵循的“纲”。因此，电视节目策划必须满足政策要求，尤其在重大事件报道方面要与国家、政府保持统一步调。

第二，媒体地位影响。从覆盖范围、资源占用、资金投入等角度来看，中央媒体、省级卫视、地方台在各种资源占有方面呈现出逐级递减的趋势。毋庸置疑的是，资金投入与节目产出质量存在较为紧密的联系，资金投入越多，产出的电视节目的质量越高。优质的电视节目是其他电视节目模仿、效仿的模板，因而中央媒体的电视节目策划会影响省级卫视、地方台的电视节目策划。

2. 受众心理因素

受众心理因素影响电视节目策划主要来自于两方面。第一，受众的自我认定心理。传统的媒体以向受众传播思想为途径完成电视节目的推广，单向、被动的电视节目难以引发受众的情感共鸣，受众不仅难以从电视节目中获得自我认知和尊严，也难以依靠电视节目展示自我，因而对电视节目的接受度较差。第二，受众的满意度。受众对电视节目越满意，电视节目的推广效果越好，电视节目的生产效益也就越佳。为了发展电视节目，其策划必须重视受众的心理，尽可能地使受众满意，如此才能够发展电视节目，提高电视节目的质量、影响和效益。

3. 市场需求因素

电视节目处于客观市场，其推广、营销需要契合市场营销的相关原则，既能够满足消费者的需求，又要保证电视节目策划符合市场需求，这样才能够快速有效地吸引消费者的注意力，进而获得消费者的认可，实现快速推广的目的。

任务2　了解策划的定义

任务描述

通过了解策划来进一步认识电视节目策划。

任务要求

掌握什么是策划。

知识链接

策划就是人们在从事一项活动时，调动经验及智慧寻找最佳办法和途径，以得到最优效应和结果的行为。著名策划人王志刚曾说过："条条大路通罗马，最近的毕竟只有一条，策划就是找出这条路。" 简而言之，策划就是行动谋划方案。

任务实施

在探讨电视节目策划之前，我们先回顾一下两件可以写进中国电视史的事。

第一件发生在20世纪80年代初期，和中国第一代电视文艺导演黄一鹤有关。1982年深秋的一个下午，中央电视台的台长王枫、副台长洪民生将春节联欢晚会的任务交给了黄一鹤。接到任务后的黄一鹤像一匹听到枪声的战马，浑身热血沸腾起来。他当时就找了几位平时合作最齐心的"搭档"谈了起来。他们把平时积累的"点子"都"抖落"出来，归纳起来大致有以下四条：

（1）舍弃驾轻就熟的录像播出方式，进行现场直播。

（2）取消报幕员，设节目主持人。

（3）设热线电话，沟通观众情感。

（4）请国家高层领导参加，实现与民同乐。

黄鹤等人将初步方案连夜汇报给了台领导，台领导当即拍板：就这么办。于是，作为中国电视文艺一种主要节目样式的春节联欢晚会就此拉开了它辉煌的序幕。

第二件发生在1995年下半年，和中央电视台新闻评论部的一群年轻人有关。当时中共电视台新闻评论部在北京井楼胡同租了一套四合院，调集了包括杨东平、郑也夫、乔艳琳、关秀玲等人在内的台内外一批极富创造性的年轻人，开始筹划一种对于中国的电视观众来说是里外全新的节目。筹划组用了将近半年的时间，攻下了三道"难关"：其一是为节目定位；其二是为节目起名；其三是为节目选主持人。结果是"难关"过后尽开颜。由于定位准确、名称别致、主持到位，1996年3月16日首推的电视栏目《实话实说》，作为中国版的"脱口秀"，很快声誉鹊起，独领中国电视节目一代风骚。

以上两件事时间不同，地点不同，人物和内容也不同，但有一点是相同的，就是它们都是在进行电视节目策划。

那么，从理论上讲，什么是电视节目策划呢？

所谓电视节目策划，就是策划者遵照电视节目的生产和运作规律，对电视节目的选题立意、采拍制作、播出销售等生产和运作过程进行总体筹划和论证，并形成具有指导性的文案的一种电视行为。

根据电视节目生产和运作的过程，人们常常把电视节目策划分成前期策划、中期策划和后期策划；根据策划的主题和目标，人们又常常把电视节目策划分为选题策划、摄制策划、播出策划和销售策划。但不管是哪一阶段和哪一种策划，策划者都要把握最关键的一点，即电视节目策划的创意。从这种意义上说，策划永远不应等同于计划，因为它包含了某种创意、某种新的尝试、某种新的追求和探索。

任务3　电视节目策划人

任务描述

学习什么是电视节目策划人。

任务要求

掌握电视节目策划人应具备的综合素质。

知识链接

电视节目策划人包括电视节目编导和电视节目制片人。电视节目编导是具备较高的政策理论水平和艺术创新能力，具有广播电视节目策划、创作、制作等方面的基本知识、基本理论和基本技能，能在全国广播电视系统、影视制作机构和文化部门从事广播电视节目编导、策划、撰稿、社教及文艺类节目主持等方面工作的高级应用型专门人才。

电视节目制片人，即栏目管理人，对栏目的内容制作、财务管理、人员使用、报酬分配实施全权负责。电视制片人制是我国电视节目运作机制的一项重大改革，这种新的机制调动了电视工作者的积极性和创造性，使电视台的人财物等资源在一定程度上实现了合理配置，并获得了原有管理模式难以实现的经济效益和社会效益。

任务实施

电视节目编导、电视节目制片人需要具备的综合素质。

1. 电视节目编导

编导是电视节目制作中最主要的核心创作工作岗位，具体是指从现实生活中选取有价值的题材进行策划、采访、制定拍摄提纲、组织拍摄、编辑制作，最后对作品进行把关检查的系统性创作活动。

而从事编导工作的人应具备广播电视节目策划、创作、制作等方面的专业知识，具有较高的政治水平、理论修养和文艺鉴赏能力，掌握影视数字化制作技术、网络技术等。

2. 电视节目制片人

在电视节目制作中，制片人既是组织者，又是把关人。他们对节目的内容、人员组成和经费运作进行把关，对电视片生产需要的所有要素进行合理配置、协调组织。

电视的产业功能对制片人有着区别于其他职业的要求。电视节目制片人必须具备“四个意识”和“四种能力”。“四个意识”是指市场意识、竞争意识、法制意识和风险意识。

“四种能力”是指研究观众、了解观众需求的能力；吸纳优秀人才的能力；开拓节目市场、占领节目市场的能力；实现资产保值增值的能力。

任务 4　了解策划的基本流程

任务描述

通过具体电视节目的分析，了解策划的基本流程。

任务要求

掌握电视节目策划的基本流程。

知识链接

一、什么是电视节目策划

策划是一种策略、筹划、谋划或者计划，是为了达到一定的目的，在遵循一定的规则内进行的一系列科学可行的方法。电视节目是电视台通过有声音、图像的信号传播的作品。电视节目策划就是两者的结合，以达到某种目的为主，以电视节目形式传播，从而进行的一系列计划。

作为一档电视节目的灵魂，策划在电视节目中发挥着至关重要的作用。在媒体竞争日益激烈的今天，电视节目要想求生存、图发展，收获一批忠实受众，把自身打造成为一档优质兼顾收视率稳定的电视节目，就必须清醒地认识到，只有通过科学、整体、全面的前期策划，合理有效地配置好节目资源，才能实现社会效益与经济效益的最大化。

二、中国电视发展历程及电视节目策划六字准则

中国电视自 1958 年 5 月 1 日至今的 60 多年发展间，从主体形态来看共走过了三个时代：制作人时代、制片人时代、策划人时代。从电视发展史中不难看出，策划对电视制作的影响越来越重要，甚至可以决定一个栏目的存亡。目前业界公认的策划方式是电视节目策划六字准则，即定、谋、联、强、变、仁。

（1）定：定性质（方向）、细审思（规则）、巧措辞（认己）。

（2）谋：谋主体（手段）、搭框架（内核）、细落实（执行）。

（3）联：联盟友（人和）、占市场（地利）、重反馈（收集）。

（4）强：强素质（保障）、树品牌（认可）、自多金（发展）。

（5）变：变无常（生存）、能变形（市场）、多角度（延展）。

（6）仁：存仁念（聚势）、静聆听（分析）、行为善（人之本）。

三、电视节目策划所遵循的法则

1. 导向法则

电视节目的策划既要考虑到以正确的舆论引导观众，又要考虑到观众的需求，把握两头，上下通气，巧妙结合，才是节目策划的出发点。例如中央台的《今日说法》栏目，其宗旨重在普法、监督执法、促进立法，栏目中的案例精彩，争论也精彩，专家评说、大众参与，从内容到形式，观众都很乐于接受，实现了于无声处巧普法。

2. 创新法则

策划本身最大的特点就是创新。节目策划人作为节目思想的总建构者，必须每期都有创新，必须做开拓创新型的人才。节目策划的创新不是凭空臆想出来的，它是建立在广泛的旧知识、信息基础上的新组合。其实要想创新并不难，问题在于要敢于创新，善于从不同角度做发散性联想思维，勇于打破传统知识结构和思维习惯，不受经验的羁绊，在固有学识的基础上寻求一点突破就是创新了。有了这种敢于创新的观念，创新也就不期而遇了。

3. 心理法则

节目策划要想吸引观众，就得“搔到观众的痒处”，打在观众的“麻筋”上，必须分析受众心理。受众心理是包括一般心理和特殊心理两部分。一般心理是指绝大多数观众共有的心理。特殊心理指不同年龄、不同职业、不同文化层次和不同性别等特殊观众的心理。掌握观众的一般心理可以使我们在宏观上把握广大观众的心理需求，尽可能地去满足他们的正常需要，并加以适当引导；掌握观众的特殊心理，才能从微观上根据不同观众制作出满足不同需求的节目，才能向社会做全方位覆盖与渗透。例如《东方时空》《焦点访谈》等优秀节目就代表了大多数人的收视心理，而一些特色节目如《动物世界》《戏曲采风》《动画城》等则满足的是不同年龄、不同爱好观众群的需要。

4. 效益法则

作为节目策划人必须要考虑经济效益与社会效益。节目没有社会效益，经济效益就无从谈起；只抓经济效益，不择手段媚俗，把社会效益晾在一旁，经济效益也会好景不长。节目策划要做到效益双赢并不难，但难在节目如何做得好看。在电视产业化的过程中，社会效益与经济效益总是结伴而行的。节目是做给观众看、要观众消化的，策划人在策划时心中不装着观众、不考虑社会影响，节目就走进了死胡同。没有了受众就没了市场，没有市场就肯定不会有经济效益。所以，节目策划人在策划节目时应及早将这点“储存”，主要精力还应放在节目构思上。

5. 变化法则

事物是在不断发展变化的。策划方案制订后，在实施过程中，也可以根据变化的情况进行及时调整。策划是对正在发生的新闻事件的主动、积极的反映，主观随着客观的变化而变化，这是电视新闻策划者需要时刻牢记在心的一件大事。

随机应变，既是新闻策划发生变化后采取的应急措施，同时也是新闻策划本身的要义。既然策划的对象是不断变化的事件，那么策划过程中必须有应变之策。及时应变可以减少损失，更好地提高宣传效果。

四、电视节目策划的基本流程

电视节目策划的基本流程如下。

第一，节目背景即主题。要阐述清楚为什么要做这一档节目，是在一种什么样的大环境下诱发了策划者要做这一档节目的想法。

第二，确定节目的名称。

第三，确定节目时长和播出时间。要对策划的节目有清醒的认知，对播出时段有一定的分析，节目时长不合适，太长造成审美疲劳，太短意犹未尽；播出时段选择不合适，将面临没有观众观看的尴尬局面。

第四，节目宗旨。要阐述明白策划这一档节目主要的思想或意图。

第五，确定节目类型。在前期一定要考虑清楚将要策划的栏目 / 节目属于什么类型，或者散发思维为节目构建一个类型。常见的节目类型有真人秀、娱乐、访谈、新闻、文艺类和纪录片等。

第六，认准节目的定位。节目的定位分为两个层面：一是要分析受众定位，从适合什么年龄段、哪类人群等方面着手，多角度分析策划的节目针对哪部分人群，以保证节目的收视效果；二是内容定位，有了受众的大概分析之后就要有的放矢地对节目内容定位进行主线规划，有了清晰的内容定位，在往后的节目编排上就不会偏离初衷。

第七，确定节目形式。确定好节目的形式，分为哪几个板块，板块中有哪些环节。要根据每期节目主题的不同，更换相应节目内容和板块形式。

第八，精准定位节目风格：①内容上要考虑节目是要轻松愉快的还是要温馨感人的，节目内容风格尽量不要单一，要内容丰富、形式多样；②包装上要考虑现场的舞台设计、后期的剪辑包装，要提前规划，方便前期筹备；③要考虑节目是否需要主持人，如需要，主持风格需要什么样？主持人是否固定？主持人需要几位？等等。

第九，找出节目的亮点，用作宣传。策划案初步写好之后不要急着落实执行，而是要总结策划节目的亮点，以便宣传推广，即便节目质量很高，但宣传不到位，依然会导致没有观众收看节目，收视率难以提升。

第十，根据节目需求进行成本预算。在实际应用中，也要对所需成本合理规划，考虑好支出与营收，获得最大的利润，以便投入到更好的制作中。

从搜集资料到受众调查，从实验分析到市场营销，策划贯穿了整个节目的始终。它不仅仅决定了电视节目的定位、形式和内容，而且也在传播效果、节目运营和创新等方面起到了积极的作用。因此，媒体工作者要明确策划的概念和重要性，特别是策划人员，更要准确把握前期策划需要遵循的原则和主要流程，充分做好前期策划工作，以保证其他后续环节的顺利进行。同时，还要懂得随机应变，根据实验分析的情况对前期策划进行一定的调整和修改。

如今，电视节目的市场竞争愈发激烈，因此策划工作就显得更加重要。也许一个小小的创意、一个详尽的方案，就能够成就一档优秀的电视节目，所以，面对广大市场和受众需求的变化，前期策划必须抓住机遇，充分发挥自身的节目优势并加以改革和创新，以谋求更好的发展。

任务实施

以湖南卫视《天天向上》栏目早期时播出的节目为参考，对其进行模拟策划分析，从而了解策划的基本流程。

一、模拟策划

在正式进入案例分析前，我们先来了解《天天向上》这档电视节目当时所处的现实环境。

《天天向上》是湖南卫视推出的一档娱乐脱口秀节目，于2008年8月4日在湖南卫视首播。节目以展现普通人性格魅力为主要目的，以展现地域风土人情为辅助背景，以探访搜奇为叙事噱头，以艺术表演为基本表现对象，以主持访谈为引领挖掘手段，是一档记录、游戏、互动相结合的综合性的大型、系列、表现性栏目。其节目资源丰富多彩，充分展现了“陌生化”的艺术审美效果，平民性、草根性、原生态是节目的一大亮点，同时借助中华传统礼仪的直观外壳，运用插科打诨式的脱口秀节目方式，在嬉笑怒骂的现场氛围中巧妙地将大众文化与传统文化进行整合，使节目具有深远的立意和深度的内涵。

在了解了显示背景后，我们对该节目进行了一个简单的策划，流程如下。

一、背景分析

《天天向上》由湖南卫视《越策越开心》原班人马打造，兼有“策”的神韵，更有发扬中华美德的社会责任。该节目创意的出发点：中华自古为礼仪大邦，然而到了21世纪，中华民族的传统美德逐渐消失，国民优秀礼仪风范逐渐退化，随着2008年北京奥运会的临近，让世界认识真正的中华民族传统美德与礼仪风范已是刻不容缓。如何让国民在娱乐嬉笑之余，感受中华传统美德的精髓并借此发扬光大，是节目定位的深度体现，也是节目创建的背景。

二、节目名称

天天向上。

三、节目时长

60分钟，每周五晚上20：00—21：00。

四、节目宗旨

娱乐、健康、快乐为主旨。

五、节目类型

娱乐。

六、节目定位

以访谈、娱乐、草根、潮流、时尚、科技等为主的大型娱乐脱口秀节目。

七、节目形式

以娱乐脱口秀为主导形态，融合其他众多节目的表现元素：节目的开场采用大型晚会的开场歌舞，主持人与嘉宾载歌载舞，在全场观众的欢呼与尖叫声中出场，整体上营造出一种热闹、欢乐的氛围；节目进行过程中除了访谈之外，也会穿插着歌唱、舞蹈、情境表演、与场内观众互动等；在人文体验、文化传播方面可以通过主持人或嘉宾亲自上阵的方式，动手体验各类文化并进行比拼。

在一种节目形态中，融合多种节目的类型与元素。

八、节目风格

（1）内容上：节目的主题为世界礼仪知识，节目本身包含了公益性、教育性、知识性和脱口秀固有的娱乐性；主打由主持人临场发挥的脱口秀加上穿插明星、草根、俗人等的访谈模式。

（2）包装上：要进行全方位的、面面俱到的完美包装。

（3）主持人：打造国内第一支男子偶像主持团体。

九、节目亮点

采用主持人串联风格，寓教于乐，借助于脱口秀、情景剧等本身具有娱乐因子的形式，围绕着嘉宾职业秀、中华民族礼仪等内容，从我国优秀的传统文化中汲取资源，巧妙地将大众文化与传统文化进行整合，使传统的文化资源在同文化产业的运作与互动中重新包装开发，把文化中的认知功能、教育功能及审美功能充分发挥出来。

十、成本预算

对所需成本合理规划，考虑好支出与营收，获得最大的利润，以便投入到更好的制作中。

二、策划分析

1. 背景浅析

当时，善于突破和创新的湖南卫视因为一档定位为“大型礼仪脱口秀节目”的《天天向上》而再次成为媒体关注的焦点。这档于 2008 年 8 月 4 日首播的娱乐节目为湖南卫视赚足了口碑，赢得了赞誉，也收获了效益并传播了文化，可谓是时下当之无愧的王牌综艺节目。《天天向上》依托于悠远厚重的民族文化，借助于中华传统礼仪的直观外壳，运用了插科打诨式的脱口秀节目方式。

2. 策划动机

《天天向上》栏目不但有明星的参与，还把炫亮的舞台交给各行各业的普通人，这些来自不同国度、省份、职业、年龄层次的嘉宾，带着各自行业的风采，在舞台上悉数展现职场风度与人格魅力。其职业的陌生化效果对观众具有极大的吸引力，例如国际广播电台播音员、外国译制片配音演员、中国刑警学院警务战术训练队、《正大综艺》外景主持人、大学生村官、解放军艺术学院师生、湖南中医大学教授、平面模特、钢铁厂拔河队、国家羽毛球队等，这些平时群众不了解、不熟悉的行业精英，成为《天天向上》最大的亮点。每个人都有自己独特的魅力，或睿智，或幽默，或憨厚，或狡黠，在介绍自身职业秘密的同时将自己的性格魅力展露无遗，有人酷得彻底，有人炫得耀眼，有人灵气逼人，有人憨态可掬。正所谓“艺术来源于生活，又高于生活”，《天天向上》善于挖掘民间智慧，把普罗大众请上表演的舞台，使节目资源愈加丰富多彩，也充分展现了“陌生化”的艺术审美效果，平民性、草根性、原生态是节目的一大亮点。

3. 节目形态

从“模拟策划”中的“节目形式”部分，我们可以看出该节目形态上的创新思路：不仅以娱乐脱口秀为主导形态，还融合了其他众多节目的表现元素。首先，在开场时设置有如大型晚会开场的歌舞表演，并让主持人和嘉宾参与其中，与舞者一道载歌载舞，满足了受众的喜好；其次，整个节目的进行过程中，除了访谈以外，还会穿插歌唱、舞蹈、情境表演、与场内观众互动等环节，让节目形式更为丰富多彩；而体验化传播又在如“沙画高手”“汉唐乐府”等单元中成为主要的表现形式，主持人或嘉宾亲自上阵，动手体验沙画的魅力并进行比拼，或穿上汉代的服饰，在虚拟的时空环境中体验着歌舞风华。每一处设置都体现出了策划中“节目形式”的宗旨——在一种节目形态中融合多种节目的类型与元素，集多种特点于一身。

4. 节目内容

节目的主题固定为世界礼仪知识，节目本身包含了公益性、教育性、知识性和脱口秀固有的娱乐性。《天天向上》在传播内容上做足工夫，尤其是嘉宾职业秀的推出，营造了典型的“陌生化”效果传播。例如在节目中，世界 YOYO 球大赛少年组冠军通过为大家表演 YOYO 球——世界上花式最多最难、最具观赏性并已风靡全球的手上技巧运动，传递出这一发源于希腊且有着 1000 多年历史的古老运动背后的竞赛礼仪；特型模特则通过兼具美感以诱发观众无限想象的形体展示，让观众在熟悉却又“陌生”的形体审美中感知到身体的职业化塑形和呈现也是一种礼仪。为了体现节目对于传播中华文明礼仪的诉求点，节目更是邀请了中国手影大师沈晓、中国沙画艺术家苏大宝、全国播音界泰斗级人物张颂、国内著名服装设计师计文波、著名民族歌唱家李谷一等名家，通过他们的精彩演绎，诠释出节目在传播中华文化及道德礼仪过程中的意义和价值。

5. 节目特色

该节目在寓教于乐方向进行了有益的尝试，节目避免了只追求纯粹的感官刺激功能、游戏功能与娱乐功能的病垢，而是借助于脱口秀、情景剧等本身具有娱乐因子的形式，围绕着嘉宾职业秀、中华民族礼仪等内容，从我国优秀的传统文化中汲取资源，巧妙地将大众文化与传统文化进行整合，使传统的文化资源在同文化产业的运作与互动中重新包装开发，把文化中的认知功能、教育功能及审美功能充分发挥出来。而受众对这一表现形式与内容也非常青睐。

6. 节目特点

创造性的传播策略能迅速提升节目的人气，带动节目的热播。《天天向上》传播方式创新主要体现在三个方面：一是在节目正式推出之前推出七期《天天向上前传》为节目预热，与受众沟通，调整和完善节目细节；二是在推出时机上选择奥运会前期，奥运前期各电视台都在播放各类文明礼仪公益广告，《天天向上》倡导公德、礼仪，与主流价值观吻合，可借奥运东风赢得受众好感；三是比附定位的传播策略，比附定位是借助其他知名度、美誉度较高的领先品牌来确定自身市场地位，通过此种策略，能够让受众产生联想，使自己的品牌迅速进入受众的视野，占领一个牢固的位置，提高自身的地位和品牌影响力。《天天向上》通过与王牌节目《快乐大本营》比较，引导了全国媒体从主持人、嘉宾和环节设置等方面全方位地对两者进行比较报道，收获了大量的免费宣传，提高了受众的关注度。

7. 主持人阵容创新

主持人是娱乐节目的重要卖点，名主持人是高收视的保证。《天天向上》的创新之处在于“打造国内第一支男子偶像主持团体”，即“男子 + 团体”的概念。一般娱乐节目从受众的审美出发，都是男女双人搭配，即使是团体，也多是男女搭配，《快乐大本营》改版后提出的“快乐家族”团队主持，在娱乐节目中已经是独树一帜，但也是三男两女。《天天向上》彻底颠覆传统，刚开始是 8 个清一色的俊男，后来从主持秩序和主持过程中对节目的掌控等方面考虑，将主持人调整为 5 个。同样有意思的是主持人团队结构，团队中既有国外的主持人，又有火爆的国内主持人，堪称内地娱乐节目超强、超豪华主持阵容，实属罕见，为节目增色不少。在节目制作过程中也充分发挥主持人各自的长处，使得节目进入门槛较高，难以模仿和替代。

8. 创作思路

在一种节目形态中，融合了多种节目的类型与元素，集多种特点于一身，此时再用简单的类型概念对其进行界定已经非常困难了。在当今文化理念和艺术观念颇为开放的时代，传统的艺术范畴和概念在多元文化的相互整合中不断被打破，这给了锐意创新的艺术家探索新类型、新形式的自由空间。透视当前电视传播的发展现状不难发现，许多新的节目形态在设计时都融合了众多其他节目类型的特点，而节目基本元素的重组与变动都会促使新形态的不断出现，电视节目形态创新也有着广阔的空间。在明确了节目的目标方向之后，完全可以根据节目的需要进行形态设计，因此不同节目类型之间的交叉与融合现象也就显得非常普遍了。

9. 节目要求

求新求异，不断突破，超越旧的心理模式，构建崭新的心理模式，这是人固有的心理机制。正如前苏联文艺理论家维·格·别林斯基所言："艺术创造永远都在寻找那位'熟悉的陌生人'"。但是陌生化并不意味着传递的内容越陌生越好，因为传播效果的好坏往往取决于信息内容与接受者范围重合的程度，重合程度越高越能被接受者注意，所以节目在建构内容时要适度拿捏，充分考虑到参与者及观看者的接受范围。在受众的文化接受中，绝对不能只有娱乐快感、尖叫与欢呼，受众也需要审美、感动、内涵、熏陶，也存在对教化与启悟的需求。借助于寓教于乐的方式，既可以增强传播的普遍性，又可以提高接受信息的容易度，既满足受众教化与启悟的需求，又不失审美情趣与娱乐因子。

10. 整体目标

依托于悠远厚重的民族文化，借助中华传统礼仪的直观外壳，运用插科打诨式的脱口秀节目方式，营造嬉笑怒骂的现场氛围，让国民在娱乐嬉笑之余，感受中华传统美德的精髓并借此发扬光大。

思考与练习

你认为如何才能成为一个优秀的电视节目策划人？

模块 二

电视节目策划实务

项目3 电视节目策划流程

项目导读

电视节目策划是电视节目产品生产制作的前提，主要是指经过充分的调查研究和论证，形成电视节目选题内容、节目形式、制作方法及构成电视节目内容产品的相关议程、流程和要素等，在上述基础上系统撰写出对电视节目制作生产有指导性的文案和实操蓝本。

电视节目策划是一项具有创意性、主观性的工作，但是在发挥创意之前，必须了解电视节目策划的基本步骤和规律，掌握系统的实操方法。

电视节目策划主要包括选题策划和文稿文案策划两个板块。这两个板块在流程上依次推进，不同类型的电视节目策划方案在文本结构、具体执行步骤和细节论述上各有其特点，策划人通常需要在具体项目的实操中逐渐锻炼、积累经验，形成电视节目策划的能力。

本项目引用大量案例来展示各类型电视节目的策划方案，让学生在具体的案例模仿和实践中掌握电视节目策划的步骤和流程。

教学目标

- 了解选题策划的步骤和方法
- 了解文稿策划的方法
- 系统掌握电视节目策划的环节和步骤

任务1 电视节目选题策划

任务描述

选题策划是电视节目拍摄制作的前提，这一步骤下形成的具体选题内容决定了整个节目生产流程的总体目标。通俗地说，选题策划的目的就是要明确“准备生产一个什么样的节目”。策划形成的选题必须明确几个重要的指标，包括节目类型、节目样态、节目体裁、节目主题、节目体量和目标受众等。同时，为了保证在节目生产流程各环节的可执行性，上述一系列指标的确定和节目选题方案的形成，需要通过前期的选题调研和论证才能最终确定，并且有可能在节目生产环节中依据实际情况的推进和改变进行修正和调整。

任务要求

通过选题调研和论证，形成具体的电视节目选题策划方案。

知识链接

选题调研的意义和方法

1. 选题调研

通常在一个选题策划方案形成之前，电视节目策划人会对选题的主题、形式等有一个初步的设想，对执行情况有基本的预设。选题调研就是依据这个预先设定的主题形式，通过对相关信息、理论、背景、人物、现场环境等情况进行资料搜集和整理的过程。

调研目的：一是寻找深入挖掘选题内容的线索、元素、资料和其他佐证，对选题进行扩展和充实；二是有助于论证选题的可行性，并对不完善的选题内容进行修正。其最终的指向是形成符合主题要求和具有实际操作指导性的选题策划方案。

2. 选题策划方案

选题策划方案通常以文本的形式呈现，其要解答以下几个基础问题：

（1）为什么要做这个节目？

（2）把这个节目做成什么样？

（3）怎么做才能把节目摄制执行下去？

（4）节目最终会呈现出什么样的效果？

任务实施

一、掌握选题调研的具体方法

1. 信息资讯检索

信息检索是一个田野调查式的信息取得步骤，一般是通过关键词检索寻找与选题相关的信息，互联网和信息技术的发展给了我们掌握更海量和丰富信息的可能性，检索也更为便利。

在检索过程中要注意的是，信息资讯搜集的基本要求是越广泛丰富越好，但由于海量资讯容易导致信息冗余，所以需要调研者对检索到的信息进行选择和甄别，保证信息的真实性和权威性，在此基础上才能寻找正确的选题方向。

2. 资料查询及拓展

资料查询及拓展是在信息检索的基础上对与节目主题相关的文献、佐证材料进行深入挖掘和系统整理的过程，目的是形成对选题最初设想可行性的合理论证，所以这一部分的资料更讲究理论性、权威性，从而形成比较有价值的资料集群。这一过程要注意挖掘、联系、预测可能在现场拍摄过程中有所表现的环境情况、人物故事、画面设计等，从细节上、资料上寻找与节目主题可能产生联系和延伸的元素。

3. 现场调研

现场调研是为了直观地了解拍摄现场情况，对预先设定的选题拍摄内容的可行性和可操作性进行现场论证；同时对于现场情况的先期调研也是发现具体拍摄线索和表现细节的一个重要途径。电视节目本身就是通过拍摄、剪辑、制作等手段再现现场画面的影视产品，因而对于现场的调研越仔细、深入，越能够把最具现场画面特点的元素在电视节目中通过影像手段表现出来。在新闻节目、专题片、纪录片等具有较强现场叙事要求的节目形态中，现场调研最好是采取带机调研的形式，以免错过不可再现的现场画面和采访内容。

4. 采访调研

采访调研实际上也是现场调研的一种形式，主要是针对节目相关人物的前期采访，包括拟拍摄对象、相关嘉宾和专家以及其他跟节目内容相关的人物对象的提前采访。采访调研的目的是要弄清相关人物的形象、谈吐、性格和镜头表现能力，对其所涉及事件的具体情况进行了解，发现与其相关的新的人物关系和采访对象；对相关专家的前期采访内容可以论证预设选题的合理性，也为后一步的文稿策划提供方向和线索。

二、了解选题策划方案的具体内容

1. 选题背景及意义

文化产品的生产必须符合导向要求和时代特征。电视节目的策划背景和意义体现了该节目总体的社会价值、文化价值及市场价值等。选题策划方案必须明确选题的背景和意义，才能让人明白为什么要策划这个节目和该节目生产的必要性。

2. 节目概况

节目概况包括节目的类型、节目时长、节目体量、播出平台、播出频次、技术手段等指标性内容，通过这些让人直观地了解节目是以什么样的方式和形式制作展现出来的，这在选题策划阶段就必须明确。

3. 节目梗概

节目梗概也称为“导演阐述”或“编导阐述”，是用凝练的文字语言总体概括节目涉及领域、讲述故事和呈现内容的介绍性内容，在策划比较翔实的情况下也包括节目拍摄制作情况和传播情况的概括性介绍。

4. 节目内容

节目内容在不同的节目类型中以不同的形式呈现出来，在选题策划方案中需要具体表现的形式主要如下：

（1）在生活服务类、社会教育类电视栏目中，节目内容通常以栏目板块的形式呈现。

（2）在专题报道中，节目内容通常以不同的报道主题或报道方向为依据呈现。

（3）在电视纪录片、电视剧等节目中，节目内容通常以分集内容或故事脉络的形式呈现。

（4）在电视谈话节目中，节目内容通常以话题内容或采访提纲的形式呈现。

（5）在电视晚会、真人秀等现场录制节目中，节目内容通常以节目流程或是议程设置的形式呈现。

5. 节目执行计划

节目执行计划是指阐述节目拍摄、制作和传播等执行阶段的过程和参与人员及其职责的计划性文案。其制定的内容必须符合节目制作能力、技术水平、时间节点和现场执行难度等具体情况，要将以往的执行经验和对节目执行情况的预测相结合，做到客观、可行、有预案，且有调整的空间。节目执行计划主要包括如下两个方向。

（1）节目拍摄和制作日程、周期。这部分内容一般以时间轴的形式呈现，具体表明拍摄制作的日程推进情况、结项时间、拍摄制作周期和拍摄制作频次等。

（2）节目制作团队及参与人员。选题策划阶段需要明确参与节目制作成员应具备怎样的制作能力和分工要求，从而对团队进行组件；如已先期选定制作执行团队也应根据具体情况分配成员具体职责。

6. 节目预算

目前的电视节目制作工作大部分以项目制的方式进行。大部分项目要求预算先行，这样才能在节目制作过程中做到收支平衡。电视节目是媒体产品中生产执行成本相对较高的门类，电视节目生产流程环节众多、成本支出门类繁杂且在实际执行过程中会出现较多的不可预计情况。这就需要节目策划人、制片人对电视节目生产各环节的成本支出有相当的了解，也需要其对电视节目的生产流程、现实情况有具体的经验和预判能力，同时在项目执行过程中需要对项目收支情况进行持续监控和调整，这一能力的形成需要在参与项目策划和项目执行的具体过程中长期积累经验。

三、生活娱乐服务类栏目选题策划实例——电影资讯栏目策划方案

地铁移动电视日播栏目《电影天天看》策划方案如下。

一、策划背景

地铁电视作为新型城市移动媒体，除了具有传统电视的综合性媒体特征和优势外，在受众背景、到达方式和传播倾向等方面有众多差别；其封闭的受众环境、碎片化的内容输出形式决定了具有强烈可视性、快速到达性、画面冲击性的信息类综合栏目将成为其树立影响并引导受众审美的有力手段。从移动媒体先行并且经营比较成功的地区来看，电影及院线信息以其传播效应广泛、信息实用性强、内容集中丰富、画面有冲击力等特点，

成为吸引地铁电视受众需求的重要内容之一。

基于上述背景和需求，现特别策划《电影天天看》栏目，通过打造一个适合受众品味和审美，具备快速传递电影资讯的综合性电影栏目，树立地铁电视的品牌形象，同时也可根据观影需求适当引导市场消费。

二、栏目概况

（1）栏目名称：《电影天天看》。

（2）栏目类型：服务类资讯栏目。

（3）栏目体量：5 分钟，日播。

（4）播出频次：全天 24 小时滚动播出。

三、栏目简介

本栏目是一档以实用性电影资讯为主、兼具参与性与娱乐性的综合性电影栏目。针对地铁电视受众对实用性和实惠性信息的需求，兼具审美冲击力的信息展现方式，节目将力求更新即时、信息迅速直接、内容偏娱乐和趣味化，同时增强互动性。

四、板块设置（主要内容设置，板块名称、内容待定）

（一）影片介绍及新片资讯

该板块以影片介绍专题或记者现场体验的方式对最近上映的电影进行介绍和推介；精选各大门户媒体发布的电影资讯整理推送给受众；在一些相关纪念日或者知名电影专题活动的时间，播放电影小知识专题或者通过活动纪录的方式制作成短片推送。

（二）电影放映信息

该板块主要推送各大影院每日影片上映时刻表，并及时提供各大影院的地铁线路信息和订票热线等。

（三）电影片花欣赏（结束）

该板块主要包括新片片花放映和电影音乐欣赏等内容。

五、节目延伸合作形式

（一）与本地院线合作，获得权威资讯，推动票房

院线提供每日电影排期、新片片花、在相关活动中配合或组织相关观众进行采访工作、在一定条件下双方互通资源举办相关活动等；合作院线向媒体提供观影券、观影折扣、电影周边产品等作为观众参与活动的奖品。

（二）栏目资源深入整合方向

媒体、栏目可联合影院的影响力和观影场地，以共同招商、适当分成的形式合作举办观影活动，适当增加双方的经济效益；可通过栏目扫码购票等形式进行票房推广并分成；利用影院人气旺、人流量大的特点，在影院的场地进行栏目和媒体的宣传。

（三）配合媒体整体招商目标进行整体招商

此部分属于招商部门工作，此处不作介绍，感兴趣的读者可自行了解。

六、节目制作计划

（1）团队构架：编导组2人（摄像、编导）2组，后期制作1人。

（2）拍摄制作周期：每组编导2天完成一期节目的选题、采访和剪辑，后期编辑每天完成一期节目包装。

七、节目预算

略。

四、电视纪录片选题策划实例——民族文化系列微纪录片策划方案

广西民族文化系列微纪录片策划方案如下。

一、方案背景

广西是中国沿海沿边的少数民族自治区，历史悠久，气候条件优越，自然资源丰富，民族文化灿烂多元，12个世居民族世代聚居。新中国成立以来，在党的民族政策关怀下，广西各民族兄弟姐妹继承厚重璀璨的民族文化传统，发扬改革创新的时代精神，铸造了符合时代特征、具有强大生命力的区域民族文化丰碑。

随着信息技术的普及和互联网技术的飞速发展，我们眼前的世界正在进行着一场符号性的巨大变革，互联网传播形式上的“轻”与传统文化内容上的“重”在内容与形式上碰撞，产生了显著的传播效果。“十二五”以来，文化产业作为“国民经济支柱性产业”，与同样作为“战略性支柱产业”的旅游业越来越深入地融合发展。以广西民族文化为载体实践区域性的“文旅融合”将有助于借助广西本土优势文化资源创造丰富的社会效益和经济效益。

现在特策划制作广西民族文化系列微纪录片（第一季），体现新时期广西民族文化新发展。

二、项目概况

（1）项目名称：广西民族文化系列微纪录片（第一季）。

（2）项目类型：系列微纪录片。

（3）项目体量：3分钟 ×5集。

（4）表现形式：每个文化元素以人物、物件等形式切入，通过人物故事讲述、物件背景介绍等具体线索，形成叙事，构成一个完整的成片，在线索搭建和叙事过程中，将民族文化、风俗、历史等寓于其中。

（5）项目执行团队：某纪录片工作室（团队简介略）。

三、项目简介

广西民族文化系列微纪录片将选取广西世居少数民族的民族文化作为主要表现内容，本季（第一季）首先以苗族的饮食文化、服饰文化、婚恋文化及节庆文化中具有代表性和表现力的文化符号作为切入点，采取适合网络传播的叙述方式和传播语态，使用高品

质纪录片的摄制手法，将民族文化元素融合于影视叙述中，制作成每集 3 ~ 5 分钟的短视频，每集以一个民族文化符号为线索和切入点，通过细节表现巧妙而又全面地展示民族文化的传统特征，也引申出民族文化发展的时代面貌。

四、分集内容

（一）第一集：打同年

（1）标题：你见过最热闹的结拜场景有多大？来苗寨让你看看好几个寨子端着芦笙结拜兄弟的场景。

（2）主要表现场景：广西融水苗族打同年。

（3）内容梗概：

一说到结拜，我们立马想到桃园结义、结义金兰等典故，平素的结拜兄弟都是在个人之间进行，但是在一些地方，结拜的场面可比咱们知道的热闹得多。你能想象最大的结拜场面到底有多少人呢？在苗族，结拜兄弟不仅仅在个人之间，还有村与村之间、寨与寨之间，而且苗家的结拜还有一个特别接地气的说法——打同年。“同年”就是兄弟的意思。

苗家兄弟间可是不打不相识，越打感情越深，不过苗家的打同年用的是一种特殊的工具——芦笙，当然芦笙可不是用来打的，而是用来吹的。春节期间打同年，苗家的男女老幼从早到晚，队伍齐整地挑着年货，吹着芦笙，走村串寨相互拜访好不热闹。

（二）第二集：苗族坡会

（1）标题：想要“脱单”吗？来赴一场苗家的坡会之约吧。

（2）主要表现场景：广西隆林苗族跳坡节。

（3）内容梗概：

现代社会崇尚“恋爱自由”，但是在苗家，这可不是什么新鲜事儿。苗族的婚恋传统自古以来都是自由且浪漫，单身男女的婚恋之路充满了现代色彩。最特别的是，他们的恋爱场所不是电影院，不是咖啡厅，而是在阳光明媚的山坡之上。

苗族山寨坡岭众多，平素里安静祥和，但是到了苗族传统的坡会，这些山坡上就热闹非凡。苗家人尤其是青年人全都穿上盛装，来到固定的坡场，吹芦笙、跳舞、爬坡竿。坡会缘何青年人最多？因为苗族的坡会其实就是苗族的“相亲会”，单身青年男女在坡会上寻觅对象，那些芦笙吹得最俏、爬杆爬得最高的小伙子最容易得到漂亮姑娘的青睐。

在坡会上对上眼的青年男女不再结伴同行，而是单独行动，到一个安静的地方谈情说爱。当然苗家姑娘也是矜持的，一般她们会先打听到自己中意的小伙子家在哪块山坡上有一块向阳的坡地，再约上几个要好的姐妹悄悄到那块坡地挖垦起来，小伙子要是知道了，并且也对姑娘有意就会赶到那块坡地与姑娘一同耕种，叫作“合耕”。没几天，地被开垦出来了，两人的距离也近了，到了秋收就可以商议婚事了。

……（以下分集内容略）

五、拍摄及制作推广计划

（1）分集内容策划及论证：2019 年 6 月—2019 年 8 月。

（2）带机调研及外采：2019年8月—2019年10月。

（3）剪辑及后期制作：2019年10月—2019年11月。

（4）首期推送：2019年11月—2019年12月。

（5）后续延伸推广期：2019年12月—2020年春节前。

六、项目预算

略。

任务2　电视节目脚本策划

任务描述

脚本策划是一个比较宽泛的定义，其涉及的工作内容也比较复杂，本部分所说的脚本策划是指电视节目在选题确定之后开始拍摄和制作的各个环节的方案制订工作，包括基于现场的拍摄方案和节目流程的制订、基于节目叙事的文稿策划、基于后期剪辑制作的剪辑策划等。在不同的节目类型中，其步骤和具体的侧重点有细微的差别。当然这一部分的内容也同样需要通过各种类型节目的实操来形成策划技能和经验。

任务要求

掌握不同节目类型在执行阶段的脚本及方案制订策划方法。

知识链接

不同节目类型的脚本策划方案

1. 拍摄方案和节目流程

电视节目最重要的素材之一是基于现场拍摄取得的声画结合的影像资料，所以现场拍摄是非常重要的基础性环节。拍摄方案在一定程度上是一种预案，在制订的时候要充分考虑到可能出现的与计划偏离的情况，并有可调整的计划。同时即使是纪录片的现场拍摄，也需要现场拍摄者对可能发生的故事、人物关系进行预设并对突发状况有所准备。在一些栏目类型的电视节目和电视晚会等流程性的节目中，拍摄方案往往以节目流程的形式呈现。

2. 文稿策划

文稿策划简单地说就是在剪辑之前进行播出稿件的撰写，完成的文稿基本上可以展现出整个节目的议程设置、故事脉络和叙事顺序。

撰写文稿前需要对拍摄的素材进行整理分类。撰稿人对素材的熟悉程度决定了文稿的丰满程度和后期制作的可执行性。

构成文稿的内容主要包括解说词、同期声、采访和字幕等。

3. 剪辑策划

剪辑策划一般通过分镜头脚本的形式呈现出来，主要包括镜头组接方式、场景组接方式和声画关系方式。

镜头的组接要注意画面语言的逻辑性和规律性，要对剪辑工作有所预设和了解。

任务实施

一、拍摄方案的内容

1. 场景拍摄

拍摄方案的制订包括一个场景的拍摄方案和一个周期内多个场景的拍摄方案的设置，但是无论是单一场景还是多场景，其拍摄方案的制订都应该尽可能详尽，包括各场景拍摄的时间、地点、相关演职人员及其各自的职能、现场物料的准备和拍摄主要内容等，多个场景的拍摄方案需要明确转场的顺序和时间。

需要注意的是，现场通常是不可逆的，特别是纯纪实手法的纪录片、电视直播等类型节目，这些电视节目的现场拍摄、调度的要求比较高，在现场形成之前必须尽可能制作严密的拍摄方案和预案；对于一些录播节目来说，虽然现场可以通过补拍、重拍等方法让现场重现，但是基于成本控制、现场气氛的连续性等，也要尽可能地将拍摄方案制作得详尽可行。

2. 采访提纲

采访提纲这一环节类似于选题策划中的采访调研，主要是针对节目相关人物、拍摄对象、相关嘉宾和专家的有针对性的采访。

但是在正式的采访中，采访的目的性和针对性更强，需要采访者主导采访的内容和过程，所以采访提纲的制定需要精准、深入，对采访对象的引导性更强，采访得到的内容能够成为有效素材以完成电视节目产品的呈现。

3. 空镜头拍摄

考虑到后期剪辑，还需要在现场拍摄的基础上进行空镜素材的拍摄，包括资料镜头取得、细节补拍、环境拍摄、航拍和情绪镜头拍摄等。

4. 现场人员计划及物料道具

拍摄方案的制订在一定程度上是一件琐碎复杂的工作，涉及演职人员的调度，现场物料的调配和灯光、舞美等设备的协调。为做到万无一失，需要全面周详地考虑和推敲，形成的文案也应该详细、清晰、可执行，让节目拍摄制作所涉及的全体人员都能够提前掌握。

二、新闻专题策划实例——元旦专题节目拍摄制作方案

某频道元旦专题报道节目方案如下。

2019年注定是不平凡的一年，这一年祖国将迎来70岁华诞，这一年祖国在走过27年改革开放历程之后又将迈入更高、更新的发展起点。2019年元旦，我们在做好品牌节日报道的同时，要策划一期以“景观直播”和“直播连线”为内容的新年专题栏目。

板块一：【景观直播】

（1）板块概述：景观直播以新闻性和典型性为关键词，在2018年12月29日—2019年1月2日期间，每天在频道元旦特别节目时段以重大工程、外交成绩和百姓获得感等为主题，以“直播＋录播”相结合的呈现方式，用记者讲述的口吻配合精美的画面呈现节目内容。

（2）拍摄安排如下。

12月29日上午：京沈高铁辽宁段（中国铁路）。

12月29日下午：北京新机场。

摄像：董×。

12月30日上午：上海国家会展中心。

12月30日下午：宁波舟山港。

摄像：方××。

板块二：【直播连线】

回顾过去一年中记录祖国重大发展历程及建设成就的新闻现场，看当下变化说未来发展；直击当下进行时，迎来建设节点的重大工程，开始落地实施的创新举措；探访新年新生活，以记者的细致观察讲述扶贫搬迁、新年收获等方式展现百姓获得感的现场故事。

12月29日：京沈高铁辽宁段开通运营进入倒计时。

12月30日：海南自贸港建设最近动态；

上海虹桥商务区：6+365天进博会永不落寞。

三、纪录片拍摄计划实例——扶贫纪录片人物故事拍摄方案

农户故事一期拍摄执行方案如下。

一、本期拍摄目的

本次拍摄将记录几位农户在扶贫项目进展过程中生活的变化、状态及村庄的改变；同时展现的疫情的特殊情况下推进项目进展的艰难过程；可上升表现疫情将所有人联系在一起，同心协力保证生活、生产的正常进行，加深理解才能共渡难关，取得胜利。

二、拍摄内容梗概

（1）继续跟踪有故事进展的农户。本次主要关注韦德（化名）一家的变化，同时探

访抓拍黄守仁（化名）家（根据当地情况拍摄疫情之下的人物状态；适当采访）。

（2）拍摄工程进展情况。主要表现关键节点的现场；对于工程进度的发展进行采访；通过画面表现疫情之下的工程执行情况与以往有何不同。

（3）跟踪工作组专家的工作生活情况。主要表现工作组专家在依据生计项目推进的情况下对村户的指导场景；疫情期间的驻地及下乡工作状态；组织抗疫的工作场景。

三、具体拍摄计划及要求

（一）农户跟踪拍摄——韦德一家

场景一：韦德家种植小米椒的情况。

（1）韦德夫妇在菜园里种植小米椒，按照实际情况整理土地、浇水施肥等，同时介绍小米椒种植的情况、目前的困难和担忧。

（2）工作组专家指导韦德进行小米椒种植的过程，询问种植情况、亲自示范、指出问题并进行交流。

（3）拍摄小米椒枯死的情况。

（4）菜园的环境成组拍摄。

场景二：韦德家的养牛项目进行的情况。

（1）韦德一早起床，外出割草。

（2）割草回到家后细心地喂牛，表现对牛的爱护，可适当表现与牛沟通的场景。

（3）韦德整理牛圈，可适当提问他在做什么，为什么如此细心，引导他说出自己对养牛这个工作的在意。

（4）韦德把牛从牛圈赶出，出去放牛的场景。

（5）韦德带牛去河里，给牛洗澡。

（6）工作组专家指导韦德养殖技巧、参观牛圈、与韦德一家交流养牛的情况。

场景三：韦德家家庭情况。

（1）屋子里外的环境成组拍摄。

（2）韦德照顾刚出生的小孙女，引导其讲述小孙女的身体状况。

（3）韦德的日常生活，做饭、收拾房屋、护理屋前的木菠萝树。

（4）韦德和孙子、孙女们的日常交流。

（二）农户跟踪拍摄——黄守仁一家

场景一：生产项目的进展情况。

（1）黄守仁捕鱼回来后拿到市场去卖的场景，带到同期声说现在的收入和以前的对比。

（2）黄守仁在家种植小米椒的场景。

（3）工作组专家探访黄守仁，了解生计项目的进展情况。

场景二：孩子们学习玩耍。

（1）大女儿学习场景，表现其已经在独立学习方面有了长足进步。

（2）拍摄孩子们在房前屋后玩耍的场景，如果未开学，适当拍摄大女儿骑车的场景，或者骑车帮助父母外出做一些事情的场景。

（3）工作组探访黄守仁家日常互动交流，特别是表现跟大人孩子之间的感情交流，开开玩笑、了解学习情况，深入轻松地交谈。

四、具体拍摄日程

具体拍摄日程见表3-1。

表3-1 具体拍摄日程

时间	拍摄场景	拍摄故事或内容	到场人员	备注
2020.7.10 上午	韦德家	种植小米椒的情况（场景一）	韦德夫妇，专家组专家	
2020.7.10 下午	乡里	专家组调研乡里工程和疫情储备情况、考察自来水等基础设施工程进展情况	专家组、乡干部	
2020.7.11 上午	韦德家	韦德养牛项目（场景二）	韦德，专家组专家	一早从县城出发，赶在6点韦德放牛前到达韦德家
2020.7.11 下午	韦德家	韦德家生活现状和日常（场景三）	韦德夫妇，孙子孙女们	需要专家组有人陪同
……其他日程略				

备注：按照沟通情况，预计分三次完成拍摄，根据驻地工作组的意见拟于7月10日开始进行拍摄，每次2～3天，具体的拍摄时间安排和场景分布可由工作组和拍摄团队负责人提前沟通协调。

四、电视晚会录制拍摄方案策划实例——先进人物事迹推介活动电视晚会录制方案

首届“优秀国防人”评选揭晓暨事迹推介仪式方案如下。

根据《国防教育委员会工作要点》，为扎实推动新时代全民国防教育普及深入，营造全社会关心支持国防和军队建设的浓厚氛围，今年5月开始，各单位联合开展“优秀国防人”寻访活动，并拟于7月下旬举办评选揭晓暨事迹推介仪式。为高标准举办好仪式活动，特制订如下方案。

一、总体考虑

高举习近平新时代中国特色社会主义思想伟大旗帜，深入贯彻党的十九大精神，认真学习贯彻习近平强军思想，坚持以关心支持国防和军队建设为主题，着眼树立先进典型、凝聚奋进力量、推进国防建设，对全区范围内在“心系国防、建设国防、保卫国防、奉献国防”上做出突出贡献、具有感人事迹的现役官兵，联系武装工作党政领导，党政机关干部，军属，复转退军人，专武干部，民兵，国防教育工作者，拥军优属企业家或其他先进个人及群体进行寻访，现场揭晓寻访遴选出的20个“优秀国防人”获奖者，对其

中特别突出的9个不同类型获奖者的先进事迹进行推介。揭晓仪式运用视频推介、文艺节目、诵读颁奖辞、特殊人物颁奖等形式，讴歌获奖嘉宾特有的国防情怀、奉献精神和高尚情操，不断激发广大官兵和群众的爱国热情、国防观念和拥军情怀，进一步在全区营造爱党、爱国家、爱军队的浓厚社会氛围，汇聚实现中国梦、强军梦的磅礴力量。

二、仪式构思

评选揭晓暨事迹推介仪式拟于7月27日（星期五）20时，安排在一号演播大厅举办，时长约100分钟，大体架构如下。

开场部分：

（1）LED大屏幕播放开场视频，侧屏打出优秀国防人的核心要义四句话——“心系国防、建设国防、保卫国防、奉献国防”，全体唱国歌，烘托氛围，2分钟。

（2）主持人开场词，介绍莅临现场的领导、嘉宾，约2分钟。

（3）播放综述片：《寻访“优秀国防人”》约2分钟。

上篇章——忠诚•荣誉•使命

（4）为国为军争光、军人荣誉的捍卫者：播放获奖嘉宾×××视频，约3分钟。

（5）（主持人串词）请出获奖嘉宾，主持人宣读颁奖辞，请出颁奖嘉宾为其颁奖（主要颁发奖杯和证书，下同），并安排人员献花，发表感言，约5分钟。

（6）维护国家海权利益的坚守者：播放获奖嘉宾×××视频，约3分钟。

（7）（主持人串词）请出获奖嘉宾，主持人宣读颁奖辞，请出颁奖嘉宾为其颁奖，并安排人员献花，发表感言，约5分钟。

（8）维护国家空防利益的战斗者：播放获奖嘉宾×××视频，约4分钟。

（9）（主持人串词）请出获奖嘉宾并宣读颁奖辞，请出颁奖嘉宾为其颁奖，并安排人员献花，约5分钟。

（10）独唱《走向国防现代化》，安排伴舞，约4分钟。

（11）保卫人民生命财产安全的守护者：播放获奖嘉宾×××视频，约3分钟。

（12）（主持人串词）请出获奖嘉宾并宣读颁奖辞，请出颁奖嘉宾为其颁奖，并安排人员献花，约4分钟。

（13）一茬接一茬长期维护国防军事设施的奉献者：播放获奖群体视频，约3分钟。

（14）（主持人串词）请出获奖嘉宾，主持人宣读颁奖辞，请出颁奖嘉宾为其颁奖，并安排人员献花，获奖代表发表感言，约4分钟。

（15）独唱《我站立的地方是中国》，安排伴舞，约4分钟。

下篇章——责任•担当•奉献

（16）退伍不褪色、拥军优属的示范者：播放获奖嘉宾×××视频，约3分钟。

（17）（主持人串词）请出获奖嘉宾，主持人宣读颁奖辞，请出颁奖嘉宾为其颁奖，并安排人员献花，约4分钟。

（18）边境线上支前拥军的模范者：播放获奖嘉宾×××视频，约3分钟。

（19）（主持人串词）请出获奖嘉宾，主持人宣读颁奖辞，请出颁奖嘉宾为其颁奖，并安排人员献花，约3分钟。

（20）守护烈士英魂、弘扬民族精神的传播者：播放获奖嘉宾×××视频，约3分钟。

（21）（主持人串词）请出获奖嘉宾，主持人宣读颁奖辞，请出颁奖嘉宾为其颁奖，并安排人员献花，发表感言，约4分钟。

（22）歌舞《双拥花开》，约4分钟。

（23）基层一线武装工作的践行者：播放获奖嘉宾视频，约3分钟。

（24）（主持人串词）请出获奖嘉宾，主持人宣读颁奖辞，请出颁奖嘉宾安排人员献花，约4分钟。

（25）党管武装第一书记、关心支持国防建设的领导者：播放获奖嘉宾视频，约3分钟。

（26）（主持人串词）请出获奖嘉宾，主持人宣读颁奖辞，请出颁奖嘉宾为其颁奖，并安排人员献花，发表感言，约4分钟。

结尾部分：

（27）（主持人串词）播放另外11个获奖者简略事迹视频短片，并请出所有获奖的20个嘉宾，安排人员献花，约3分钟。

（28）由某中队国旗班列队，礼步请党旗、国旗、军旗，播放军歌烘托庄严气势，上台后站在LED大屏幕前做背景，男女合唱原创主题歌《新时代最美国防人》，安排伴舞，烘托效果，约4分钟。

（29）（主持人结尾串词）邀请领导上台合影留念，仪式结束。

五、宣传片分镜头脚本策划实例——产业活动宣传片制作脚本

《第三届中国—东盟工业设计与创新论坛志》制作脚本见表3-2。

表3-2 《第三届中国—东盟工业设计与创新论坛志》制作脚本

解说	画面	字幕
柳州，古称龙城。 柳江如巨龙，见证和注视着“桂中商埠”的繁华古今	柳江环绕的城市全景 柳侯祠、传统商埠等空镜	柳州 龙城 古称“桂中商埠”
奋发与创新，构筑了广西最负盛名的工业名片	工业现场的工人劳作画面	工业柳州
生态与智慧，激荡出一座名震四方的工业新邦	柳州城市生态画面	生态柳州
	出片名（制作）	智慧工业，直通未来 ——第三届中国—东盟工业设计与创新论坛志
柳州，是中国西部的工业重镇； 这里曾燃起广西工业起航的星星之火	柳州传统工业画面； 20世纪50年代柳州工业历史画面； 老柳州工业人的照片； 新时代柳州工业人	20世纪50年代中国工业南迁 奠定今日工业柳州的基础 历代柳州工业人耕耘奋进

续表

解说	画面	字幕
这里铸就了中国西南工业的代际更迭与历次辉煌	20 世纪 50 年代柳州农械厂资料镜头； “柳江牌”载货汽车照片； 中国第一款中型柴油载货汽车； 中国第一款高端长头驾驶室乘龙 T7 牵引车； 东风柳汽园区、生产线； 柳钢厂区； 养老产业、环保等多元产业画面； 柳钢园区、防城港基地；	东风柳汽前身——20世纪50年代的柳州农械厂 广西第一辆汽车——“柳江牌”载货汽车 1998年东风柳汽生产出中国第一款中型柴油载货汽车 2017年中国第一款高端长头驾驶室乘龙 T7牵引车 打造了多个第一的新时代东风柳汽 全方位创新、多元化发展的千亿柳钢 柳钢养老产业 柳钢环保产业 柳钢防城港基地
这里汇聚了中国工业关注民生服务百姓的责任与传统	两面针企业画面； 两面针车间、园区、奖状展示； 花红药业大楼、产品生产线、产品展示台、广告片素材、获奖展示台	两面针集团 40 年深耕打造广受市场信赖的百年老字号 花红药业深耕女性健康产业 用爱助健康
这里更彰显了工业兴邦、实业爱国的热血与担当	柳工全球研发中心外观、内景； 柳工印度海外生产基地画面； 柳工产品线生产画面； 上汽通用五菱汽车生产线； 五菱生产口罩画面； 抗击疫情资料画面； 五菱广告素材	全面国际化、智能化的柳工集团 柳工全球研发中心 柳工印度生产基地 从造汽车到产口罩的上汽通用五菱
工业柳州，一城中国区域产业的历史和传奇；如今，正在重磅升级	柳州工业画面集锦	
动画转场		
2018 年，柳州为自己立下了创建“中国制造 2025”国家级示范区、建设现代中国制造城、打造万亿工业强市的全新目标，以“工业设计与创新”为羽翼，城市工业产业发展开启了全新航程	会议资料画面； 工业城、智慧园区的规划图和资料	
三年来，通过打造中国—东盟工业设计与创新论坛、中国—东盟工业设计大赛国际盛会，柳州工业不断升级创新	2018、2019 工业论坛画面	
汇集人才、技术、资本、市场、政策；形成创新“智造”的生态集群效应；推动国际工业设计与创新交流机制化建设；构建学术交流对话和商业项目合作平台。在论坛的助推下，工业设计成为撬动柳州工业创新与发展的全新动力，“柳州智造”成为龙城工业的新名片	论坛现场画面：人头攒动、参观访问、工业设计、工业博物馆； 螺蛳粉、工业设计、科技智慧的产品设计集锦	

续表

解说	画面	字幕
“构建面向东盟的国际大通道”是广西的三大定位之一，东盟不仅是世界发展最快的区域，也是中国第一大贸易伙伴，广西在中国—东盟合作和“一带一路”建设中肩负着重要的使命，不断拓展面向东盟开放合作的广度和深度	中国—东盟合作空镜； 海洋、港口货物、东盟国家的工业化镜头； 合作贸易画面	
柳州作为广西乃至中国西南的工业领头羊，也肩负着助推和拉动周边地区工业创新发展的全新使命。 有担当，亦要有能力	柳州新城市、现代化镜头； 城市大景转场	
这就是全新的工业柳州，工业设计与产品正在深度融合，新时代的工业产业新高地正在崛起，在这里巨大的产业能量将辐射深远，中国、东盟乃至周边广大国家及地区的产业发展也将由此注入强心之剂	现代化工业生产、产品线镜头组； 工业园区航拍、模型镜头组； 国际、东盟合作现代化镜头组； 中国东盟品牌墙	
	出论坛 Logo 落到字幕信息（设计）	智慧工业蓝景，设计未来出行 第三届中国—东盟工业设计与创新论坛 2020 年 11 月 中国柳州

思考与练习

1. 电视节目策划包括哪几个步骤？每个步骤包含哪些具体的流程？
2. 选题策划与文稿策划的关系是怎样的？
3. 尝试根据不同的电视节目类型的策划方案完成一期流程完整的电视节目制作。

项目4 校园电视娱乐类节目《歌王争霸》策划

项目导读

随着时代的发展，人们的物质生活质量日益提高，对精神文化的需求也逐渐强烈，人们对娱乐的诉求从未像当下这样强烈。过去传统的文艺节目在这样的社会环境下在向娱乐化发展，成为当下人们生活消费、消遣的途径之一。本项目以当下热门的娱乐节目为参考案例，指导学生制作校园电视娱乐类节目。

教学目标

- 了解电视娱乐类节目的类型和特点
- 掌握电视娱乐类节目的策划流程
- 掌握电视娱乐类节目的策划案写作方法
- 运用所学知识能够在实际中制定一档电视娱乐类节目

任务1　确定选题与节目模式

任务描述

一档电视娱乐类节目的策划和制作，最重要的是要确定选题。选题是节目的灵魂，是项目能够开枝散叶的根系所在。作为电视娱乐类节目的策划人，若想把握好节目的选题，必须熟知电视娱乐类节目的概念与特点，把握电视娱乐类节目受众的需求，确定好选题。本任务将结合校园的背景，确定一档校园电视娱乐类节目的选题与节目模式。

任务要求

了解电视娱乐类节目的定义、特点及策划要点，掌握调研、分析方法，能够分析受众需求，从而明确制作校园娱乐节目《歌王争霸》的选题和节目模式。

知识链接

1. 电视娱乐类节目的定义

纵观电视节目的发展历史，可以说电视娱乐类节目的发展是非常迅猛的，尤其是当下人们的精神需求日益增高，电视娱乐类节目已经从最初较为单一的晚会节目发展到如今融合了各类内容的娱乐节目，但不难发现，电视娱乐类节目都是以娱乐为主，能够给观众带来一定的乐趣，且以一定的媒介作为传播平台，不论是晚会节目还是演播厅内的娱乐节目，不可或缺的都是现场观众，所以可以将电视娱乐类节目定义为是以娱乐性、趣味性和消遣性为主，具有一定的观赏性与消遣功能，有媒体作为媒介传播，有大众参与度的电视节目。

2. 电视娱乐类节目的特点

娱乐性、趣味性。电视节目对于观众来说，除了获取消息与知识外，另一个广泛作用便是娱乐消遣，所以电视娱乐类节目作为当下受众广泛的一类电视节目，它的娱乐性和趣味性是最基础的特性。从最初的晚会节目来说，歌舞表演便是愉悦观众试听的内容，而发展至今，娱乐节目的内容已经不再单一，形式也越来越多样，但是“笑点”永远是必不可少的。但要注意，不能一味追求搞笑有趣，而失去“内容至上”的底线，作为节目策划人，一定要有一定的认知能力和敏感度，在做电视娱乐类节目策划时一定要避免选择低俗搞笑的内容，不能为了有趣、娱乐而完全忽略了内容，电视媒体肩负舆论导向的重要作用，有责任向观众传递真善美，不应该落入低俗与庸俗，而是带给人们更高层次的精神享受。

消遣性。从电视娱乐类节目的时段安排上我们可以看出，一般电视娱乐类节目都被安排在晚上、周末，一些专题内容的电视娱乐类节目则会根据特殊的节假日进行安排，从中不难得出结论，电视娱乐类节目的消遣性也是它的基础特点之一。

普适性。除了娱乐性与趣味性的基础特性外，电视娱乐类节目需要符合大众口味，以大众心理需求为目的。“春晚”是每年春节家家户户必不可少的电视节目，以春节联欢晚会举例，我们可以看到这档节目在内容选择上就非常具有普适性，既有高审美的舞蹈艺术表演，也有适合小朋友的儿童歌舞，有关乎当下热点话题的小品，也有适合戏曲爱好者的戏曲节目。电视娱乐类节目内容对于不同层次的观众应面面俱到，符合现代大众口味。

大众参与度高。观察以往及现在的电视娱乐类节目，会很容易发现电视娱乐类节目不可或缺的就是现场观众。我们在观看电视娱乐类节目的同时，在镜头中总是会看到拍摄到现场观众的画面，现场观众便是体现了大众参与度的一个重要内容。作为电视观众，同理心是非常重要的一个点。可以将现场观众认为是活跃现场气氛的存在，而在电视作为传播媒介的时候，通过电视画面展现出的现场观众的画面，便是将现场的情绪传递给屏幕前的观众，让无法在现场的观众获得同理心。同时我们也可以发现，许多电视娱乐类节目中都设置了观众参与的环节，所以大众参与度高也是电视娱乐类节目的特点之一。

3. 电视娱乐类节目的演变史

电视娱乐类节目发展至今，在内容上不断发生演变和融合，大体上可以将中国的电视娱乐类节目分为四个时期，分别是晚会时期、娱乐时期、益智竞猜时期和真人秀时期。

（1）晚会时期。在中国电视娱乐类节目发展的初期主要是以表演类的晚会为主，运作模式主要是演艺人员的舞台表演。例如1990年在中央电视台开播的《综艺大观》，其是集合了相声、小品、歌舞节目、杂技和魔术为一体的电视综艺娱乐节目；1991年在中央电视台综艺频道首播的《曲苑杂坛》则是以曲艺为主的表演类晚会娱乐节目，《曲苑杂坛》以“弘扬中华传统文化，尽显民族艺术瑰宝”为宗旨，节目以相声、小品、魔术、杂技、评书、笑话、马戏和说唱等为主，同时介绍世界各国的杂技、马戏等节目。

（2）娱乐时期。从晚会时代到娱乐时代，不可不提的是湖南卫视的长青节目《快乐大本营》。1997年，《快乐大本营》的播出得到了广大观众的喜爱和认可，可谓是大获成功。这种游戏类综艺娱乐节目也开始进入人们的收视习惯中。

（3）益智竞猜时期。单一的游戏类节目不会一直占据电视市场，1998年，中央二套推出了《幸运52》。《幸运52》有机地将娱乐游戏与知识普及融为一体，引发调动了观众较高的参与度和热情度。2000年，中央电视台推出了益智竞猜类的综艺节目《开心辞典》，该节目集结了趣味、益智、知识和紧张于一身，面向老百姓，对于观众来说既有高参与性，又有知识性，广受老百姓欢迎。

（4）真人秀时期。随着电视娱乐类节目的泛滥，观众已经不满足于只在演播厅内进行的表演类或是竞猜类娱乐节目了，“无脚本”“真实”在娱乐节目中刮起一阵风，观众更喜爱收看看似“无安排”“无策划”的综艺节目，于是便有了真人秀节目。真人秀节目泛指由制作者制定规则、由参与者（可以是明星，也可以是普通人）以遵守节目组所规定的规则为基础参与录制并播出的电视竞赛游戏节目。

4. 认识电视娱乐类节目的类型

作为现代人快节奏生活的调味剂，电视娱乐类节目的发展也需要不断演变去迎合大众的口味，以各类各样的模式呈现出不同的侧重点来迎合人们的需求。

纵观当下的电视娱乐类节目，内容不再单一，既有游戏的娱乐性，也包含一定的知识普及或是正向能量的宣传，抑或是纯欣赏性的节目内容，同时，分类的依据不同，电视娱乐类节目的类型也有所区别，所以本书只根据当下市场中占比较高的节目内容要素的不同侧重上进行分类，我们将电视娱乐类节目大致分为以下几种类型。

（1）综艺游戏类节目。当下综艺娱乐模式主要以“明星＋游戏”的模式呈现，增添了节目的趣味性与参与度，主要代表节目有湖南卫视的《快乐大本营》、浙江卫视的《王牌对王牌》等。接下来以湖南卫视的《快乐大本营》（图4-1）为例来介绍综艺游戏类节目，并分析它的节目模式。首先，我们需要了解什么是节目模式。节目模式可以简单地理解为节目的框架。它是电视节目的构成样式，包括电视节目的编排方式、规则设计、环节安排、参与的人、主持风格等一整套节目的构思和策划创意。

图 4-1 《快乐大本营》

《快乐大本营》是一档典型的综艺游戏类的电视娱乐类栏目。栏目以游戏为主，以歌舞及各种形式的内容表演为辅。《快乐大本营》每一期的节目模式比较简单，主持人作为主导和控场的存在，每期节目设定不同的主题，邀请不同的节目嘉宾，节目制定游戏规则和游戏环节，由嘉宾和主持人组成不同的战队进行游戏比拼，最后根据规则进行奖惩安排。我们可以看到，节目的环节非常清晰，规则也很简单。《快乐大本营》于 1997 年播出，于 2021 年 12 月停播，但栏目俨然已经形成自己的品牌文化，栏目的口号“快乐大本营，天天好心情”一听便能让人们想起每期节目的内容。栏目主持人从初期的两人演变为后来的“快乐家族”，也已经成为栏目的代表形象。《快乐大本营》虽然每一期的主题不同，但是节目风格都是固定的，主持风格轻松愉快，从环节设定上也不难看出，每个阶段都有固定的游戏环节，配合不同的环节有独特的背景布置，于是嘉宾的选择和游戏的设置都成了栏目最大的看点。

（2）谈话类节目。在以往的节目中，谈话类节目模式采用了演播室的摄制模式，有相对固定的流程与节奏，明星与主持人在访谈中真情流露，分享一些个人的生活琐事及人生经历，以此为亮点和热点作为宣传。现今的访谈节目在传统的访谈节目中添加了更具有娱乐性的环节，同时嘉宾不再仅仅局限于明星艺人，普通百姓也有机会登上荧幕讲出自己的故事，增添了节目的观赏性、趣味性及互动性。主要代表节目有《鲁豫有约》《非常静距离》《艺术人生》等。

以《非常静距离》（图 4-2）为例，它是一档阶段性季播节目，通过互动谈话模式来进行明星访谈。节目不仅具有传统谈话节目故事性的特点，还加入了室外体验的元素，通过主持人拜访、探班明星嘉宾的工作生活场所，让观众通过访问感受到被访者人生的历练，宣扬正确的价值观，让观众吸取阳光美好的人生态度。

图 4-2 《非常静距离》

访谈类节目最重要的是“访谈”。主持人在其中有着至关重要的作用，问题的层层设置是引出故事、把嘉宾的情绪“带”出来、把观众的情绪“引”进去的关键。

（3）益智博彩类节目。此类节目主要以观众参与度极高的智力游戏或是冒险游戏为主，节目模式设置闯关关卡，通过层层突破赢取大奖。经典老节目代表有《幸运 52》和《开心辞典》，后有《一站到底》作为代表。

江苏卫视的《一站到底》（图 4-3）是一档全民参与的益智答题节目。它打破了《开心辞典》那种主持人与普通百姓对抗的模式，采用了攻擂的模式，选手从普通人中通过百人答题团筛选，入选的选手进行一对一的激烈对抗，答题错误的选手马上就会掉入脚下的陷阱，接受惩罚，节目紧张刺激并且有趣。节目更注重娱乐性，不论选手的学历高低，都有可能击败对手。

图 4-3 《一站到底》

益智博彩类节目的看点在于紧张激烈的环节设置与氛围将观众的情绪快速地调动起来，所以在悬念与冲突点的设置上需要抓好节奏。

（4）真人秀类节目。真人秀类节目主要采用全民参与互动的模式，早期有表演选秀类真人秀节目的鼻祖《超级女声》，从百姓选秀延展至今日，众多明星选秀类真人秀节目层出不穷，如《歌手》和《乘风破浪的姐姐》等。越来越多的综艺娱乐节目采用了真人秀的模式进行编排，与演播室内的环节进行穿插播出，例如湖南卫视综艺节目《我家那闺女》，网络平台播出的《令人心动的 offer》等。除了明星参与，现今的真人秀也逐渐开始向普通民众参与发展。随着网络时代的发展，综艺节目的制作平台也从以往的电视平台延伸至网络平台，各大网络平台也有了自己的自制王牌综艺节目。当红的电视真人秀节目代表有《向往的生活》和《极限挑战》等。

《极限挑战》（图 4-4）是上海东方卫视制作的一档大型励志体验真人秀季播节目，每期由固定成员与嘉宾进行开放式的户外挑战运动。每一期《极限挑战》都有设定的剧情故事，而且节目成员都有各自的任务。在任务过程中，成员们可以根据实际交换情报，合作或是阻碍认定的“卧底”完成任务。在设置上，节目导演会保证不能让所有人知道游戏的全貌，每个成员都只能知道导演所告知的一部分信息，而其他信息需要在剧情体验过程中获取，这就保证了节目的“真”，有不可预料的发展、有一定的未知性和不可预测性，这就能够给节目带来意想不到的效果。

图 4-4 《极限挑战》

所以在真人秀类节目中，不可预料是节目的一大看点，而如何造成不可预料性需要策划人在前期对主题、内容（剧情）、环节设置及嘉宾的选择上进行提前预测。

总之，我们可以发现，不同类型的电视娱乐类节目有不同的侧重点和策划创意，作为策划人应该把握好各类电视娱乐类节目的策划要点。

5. 电视娱乐类节目的策划要点

电视娱乐类节目的策划要点

在制定策划案之前，先要了解制作一份电视娱乐类节目的策划案需要注意哪些要点，这可以帮助我们在后面制定策划案的时候找对“方向”。

（1）选题。前文在不同类型的电视娱乐类节目中都提到了主题，在确定节目的主题前，所有预备的主题都可以成为策划的选题，选题在策划中是重中之重，是策划的灵魂所在，策划内容应该紧紧围绕选题。对于电视娱乐类节目来说，好的选题可以明确节目立意，尤其是在谈话类节目中，所选的主题就像节目的根系，内容可以像枝叶一样散开，但始终都是在“根系”的基础与支撑之下所展开的。

（2）内容。明确了选题后，在内容上需要注重以下方面。

首先是节目内容的逻辑结构。在前文介绍的电视娱乐类节目类型当中，可以看到所举例的节目的逻辑结构都非常清晰。虽然电视娱乐类节目是以带给观众消遣与娱乐为目的，但是好的电视娱乐类节目也应该注重逻辑结构，把节目内容循序渐进地带给观众，以综艺游戏类节目《快乐大本营》来说，虽然其主要内容是嘉宾玩游戏，但可以看到它在环节的设置上也存在逻辑，游戏可以是从简到难，或是由轻松到激烈。从目的上来说，这样的设置可以很好地将观众的情绪有层次地调动起来。而在谈话类节目中更能发现，节目的逻辑结构是由浅入深层层推进直至升华主题。

其次是节目内容的呈现方式。电视娱乐类节目的呈现方式大多都是轻松愉快的，这就为节目的风格定下了基调，而节目风格的呈现，除了可以依靠节目包装外，大多都是由主持人来完成的。作为一档电视娱乐类节目的主持人，需要有轻松的主持风格与口语化的表达。当今娱乐节目层出不穷，创意也成为电视娱乐类节目内容呈现上的一大要素，不难发现，有许多相同内核的节目，在内容的呈现上通过不断创新让观众耳目一新、眼前一亮。“婚恋”节目大家一定不陌生，同样的“婚恋交友”主题，不同的节目则有不一样的呈现方式，《非诚勿扰》《新相亲大会》《我们相爱吧》《一键倾心》等恋爱节目都是以婚恋交友为主题的，但它们在内容呈现上的创意各有千秋。

任务实施

一、确定选题

如何确定选题

纵观目前市场中已成熟的电视娱乐类节目，可以发现它们有着明确的选题，选题为节目确定了方向，保证了话题中心，是电视娱乐类节目策划中首要需要确定的内容。

选题，即“做什么”，是节目策划之始。只有明确做什么，才能开展怎么做。而确定选题之前，首先需要分析明确节目目的、确定受众及分析环境背景。

受众，即电视节目的收看群体。我们在制作策划案之前，需要先明确节目受众。

以《奇葩说》（图 4-5）为例，节目本身体现出来的特点是观点独特辛辣。根据《奇葩说》冠名的品牌商广告市场的定位，节目的受众定位大群体是个性特征鲜明的“90 后”。

再看湖南卫视的《快乐大本营》，节目风格青春活力，且在节目的嘉宾选择上也多是年轻的明星群体，节目内容活泼新颖有趣，可以看出《快乐大本营》的主要受众群体是年轻时尚的青年，且大多为具有感性思维的年轻女性群体。

图 4-5 《奇葩说》

作为电视台经营的电视节目，其都有品牌赞助商的冠名，存在商业背景性质，而我们在制作校园节目的时候，更多考虑的是校园环境背景。如今，学生的校园生活不再是单调的学习内容，校园的精神文明建设也逐渐被重视，学生除了寒窗苦读，也需要发展个性。因此，我们可以将校园电视娱乐类节目的主要受众定为学生群体。

明确了节目受众后，就可以针对受众的特征进行资料收集、分析后确定选题。一般可以利用大数据分析进行用户画像，但本任务中，由于学生的可操作性强，将使用网络表格匿名调查的方法进行数据分析。

首先根据所需要收集的信息制定调查表。由于本任务是校园电视节目，考虑到可行性，需要在调查表中了解以学校为基础范围的受众情况。在调查表中，我们可以主要从以下几个方面去考虑设置。

1. 性别

受众的性别是影响其对于电视节目选择的因素之一，收集参与调查的受众性别有利于精准设置节目选题内容。

2. 日常娱乐爱好

作为校园电视娱乐类节目，其体现的内容一定是与校园文娱生活息息相关的。作为节目的主要受众，他们的日常娱乐爱好影响了选题内容的偏向。

3. 喜好的电视娱乐类节目类型

受众喜欢的电视娱乐类节目类型可以作为策划者策划选题的一大依据。已有的电视娱乐类节目可作为很好的参考，从选题乃至节目模式都可以对策划者有启发的意义。

明确了问卷基本内容后，可通过网络平台（如问卷星）进行发布，在本校园中进行问卷收集，根据调查结果分析可初步确定选题方向。

通过问卷星生成的调查表如下图 4-6 所示。

在本任务中，将选题定为大多数学生都比较喜欢的唱歌内容符合受众偏好，同时也符合校园背景。唱歌内容的娱乐节目贴近学生的生活，也可丰富校园文娱生活。

校园电视娱乐节目受众调查表

本问卷调查将会保护您的隐私信息，数据用于校园电视娱乐节目的制作，感谢您的填写！

*1. 您的性别

- ○男
- ○女

*2. 您平时休闲娱乐的爱好是什么？

- ○唱歌
- ○跳舞
- ○看书
- ○看电影
- ○其他

*3. 喜欢的电视娱乐节目类型

- ○综艺游戏类
- ○竞技比赛类
- ○真人秀
- ○谈话类

*4. 这类节目吸引你的是什么？

- ○明星阵容
- ○舞台打造
- ○节目概念
- ○主题内容
- ○其他

5. 您最喜欢的电视娱乐节目是什么？并说明理由。

6. 您平时观看娱乐节目的平台是什么？

*7. 如果制定一档校园电视娱乐节目，您会希望在节目中看到什么内容呢？

提交

图 4-6　校园电视娱乐类节目受众调查表

二、确定节目模式

什么是节目模式

确定了"说什么"（即选题），接下来应该确定"怎么说"（即节目模式）。节目模式可以理解为为节目的拍摄制作提供框架的流程内容，它体现出节目将以什么形式展现在观众面前。在上面的受众调查表中，也可以了解到受众比较喜欢的娱乐节目类型，从而可以决定节目的模式。纵览当下的电视娱乐类节目，大多数都是以明星嘉宾或者网络红人为主，节目的模式在一定程度上也决定了节目的节奏。

如《鲁豫有约》属于谈话类的节目模式，整个节目的基本流程是在演播厅内进行录制，通过主持人与嘉宾的现场交流访谈的形式呈现，访谈过程当中或穿插相关的影片或事前准备的采访视频。

再看《我是歌手》（图 4-7）这档节目，它是国内首档顶尖歌手音乐对决真人秀节目。《我是歌手》在节目形式上，不像以往的音乐选秀节目以草根成就梦想作为节目特点，在众多此类型的音乐选秀节目中跳出俗套，首次开展顶尖歌手的音乐对决模式，从普通人的成就音乐梦想之路转变到名人的音乐对决赛。音乐实力唱将为节目的质量奠定了试听享受的基础，而真人秀的形式是它成功的另一大因素。真人秀节目是在假定情景中的真实展现，“假定情景”指的是真人秀节目的大框架是事先设定好的，而“真实展现”是指节目中具体的进程和内容展现是真实的。它既有纪录片的纪实性，又有影视剧的戏剧性，同时还带有竞赛比拼的残酷性，不得不说对于观众来说，这类节目是极具丰富的综合节目体验的。其中参赛歌手在比赛过程流露出的真情实感更能吸引观众，契合了受众的心理需求。

图 4-7　《我是歌手》

该节目的另一点创新在于节目模式。《我是歌手》采用了非专业化的主持人，即将主持人的话筒交给了参赛的选手，而非主持专业的歌手在担任主持人的过程中难免会出错，但这些错误并没有被删除掉，而是通过一种令人忍俊不禁的形式展现在观众面前，让观众对节目的主持人产生一种亲切的感觉，即便是明星做他不擅长的事情也会像普通人一样出错。这样生活化的真实感也是受众愿意观看节目的亮点之一。

最后从节目赛制上来看，《我是歌手》没有采用专业的评委直接打分的模式，专业评委只对歌手的表现进行点评，并不对其表演进行打分，而决定选手去留的权利被交到了观众的手中。节目从众多的电视观众中筛选出 500 名观众组成听审团，他们来自 5 个不同的年代，覆盖了不同的年龄层，是一群懂音乐、爱音乐的普通观众。这种专业歌手在台上比拼、普通观众在台下评审的模式改变了观众的身份，给予了台下观众前所未有的重视，对于受众来说也是极大的认同感。

这种全新的节目模式让《我是歌手》抓住了受众的心理需求，取得了空前的成功。

因此，我们在制作校园电视娱乐类节目时，可以参考现有的这些节目模式，根据受众收集表的数据进行节目模式的设置。对于歌唱类校园比赛，学生们更熟悉的是校园十大歌手比赛，但从受众心理上来说，丰富的信息时代可供受众的选择越来越多，陈旧的比赛模式已经无法提起受众的兴趣，因此我们可以在原本单一的比赛模式的基础上进行丰富。从现有的节目类型上来看，综艺游戏类和歌唱内容的融合容易喧宾夺主，让观众难分主次。而访谈类节目针对非专业艺人来说，难以达到策划的预期效果，容易“冷场”，策划的可行度不够高。而根据当下受众的观看习惯，真人秀形式被越来越多的电视娱乐类节目所青睐，因此我们可以将真人秀的性质融入节目当中，将参赛选手赛前的准备阶段进行纪实跟拍，把参赛选手真实的一面呈现在观众面前。同时，根据当下受众观看节目的收视习惯，可借助许多受众喜爱的移动端的短视频平台增加节目收视效果，在比赛环节中增添网络投票的部分，采用普通观众投票的模式作为比赛的初选阶段，可拉近受众的心理距离，增加受众的参与感。

综上所述，我们可以将整个比赛设置为三个阶段：第一阶段是初赛部分，参赛者通过线上海选晋级；第二部阶段为准备部分，晋级选手会接受一定的培训；第三阶段为决赛部分。最终呈现在观众面前的节目将是纪实短片与现场比赛的结合。根据本节目选题内容与节目模式，将节目命名为《歌王争霸》。

任务 2　确定节目赛制和节目流程

任务描述

在上述任务中，已经确认了节目的选题与模式，节目主要以竞赛的形式进行，所以在本任务中，通过参考其他成型节目的赛制，结合分析现实背景条件，确定本节目的赛制与流程。

任务要求

根据所学内容制定出校园娱乐节目《歌王争霸》的节目赛制和节目流程。

知识链接

节目流程是在节目制作过程中，可供参与制作的工作人员依照的一系列参照。明确的节目流程能够为工作人员节省时间与成本，并可以科学、合理、有效地进行节目的生产、制作与播出。

任务实施

一、制定《歌王争霸》的赛制

在前述的任务中，我们已经明确了校园电视娱乐类节目《歌王争霸》的节目类型，作为包含了竞技元素的电视娱乐类节目，制定比赛的赛制是必不可少的，完整的、可行的比赛赛制是保证整个项目能顺利进行的前提，赛制的设定也关乎参赛者与受众。对于参赛者而言，赛制的设定决定了他们晋级的标准；对于受众来说，赛制是否新颖关乎受众是否愿意收看这档节目。

以《我是歌手》第一季为例，节目共13期，包括普通赛、复活赛、半决赛和决赛。

其中普通赛共分为5轮，每轮演出分两场。每轮有7名歌手参与竞演，每场均有500名观众听审参与表决，每位听审选择三位自己认为本场表现最佳的歌手。每轮的第一场和第二场竞演所得票数相加，总得票率累计最低的选手被淘汰出7人阵容，由新加入的一位歌手顶替。被淘汰的歌手一般会在淘汰后的第二期中作为压轴返场演唱，返场演唱不再计入投票。

随着比赛的深入，节目增加轮盘抽歌、歌手致敬专场、复活赛等多种比赛形式，用来提升节目的悬念度。复活赛邀请在节目中被淘汰的选手再进行一轮比赛，胜出者可和留下的6位选手角逐年度歌手。最终的决赛成绩由三部分组成，三项成绩相加最高者获得第一季总冠军。

在选歌上，除了第一次参赛可以唱自己的代表作外，其他赛次则一定要翻唱其他歌手的歌曲。每位歌手都有一位“经纪人”，“经纪人”一般由湖南卫视主持人担任。歌手被淘汰，相应的“经纪人”也被淘汰。另外，节目无固定主持人，主持人一般由参加竞演的某位歌手担任。

再看由东方卫视打造的代际潮音竞演综艺节目《中国梦之声•我们的歌》（图4-8）（下文简称为《我们的歌》），同样作为音乐竞演型的电视娱乐类节目，为了不同于已经有了一定热度和观众基础的《我是歌手》和《中国好声音》等音乐竞演节目，《我们的歌》在赛制的上也做了新设定。

图4-8　《中国梦之声•我们的歌》

《我们的歌》的亮点在于采用了榜样前辈歌手与新生代歌手联手同台竞演的形式，赛制上采用了盲选配对模式，两代歌手在不知对方身份的情况下合唱同一首歌，通过“听歌识人”完成互选，进行组队竞赛，最终通过现场观众投票决定胜负。

对于校园电视娱乐类节目《歌王争霸》而言，万万不可直接复制当下已经成熟的电视节目的赛制。首先，《歌王争霸》的参赛者并非专业歌手，与成熟的电视节目参赛选手水平不同，无法实现赛制的直接复刻；其次，作为校园电视节目，必须考虑现实的可行性，直接套用的效果未必能如预期，所以必须根据现实的背景情况进行赛制的设定。

在前述任务中我们已经明确了比赛的三个阶段，其中涉及赛制的部分为初赛与决赛。以往的校园歌手大赛中，参赛选手的“生杀大权”都掌握在专业评审手中，但以现有的电视节目来看，受众参与度低的规则会降低受众的被认同感，但现实的问题中又存在着本节目的受众未必掌握有相应的音乐素养与认知能力，参赛者也并非专业歌手，为了使受众的参与度与参赛选手晋级的质量水平达到均衡，我们可以将观众投票的部分设置在海选阶段。而为了保证最终冠军选手的歌唱能力能够实至名归，在决赛中将以专业评审的打分作为主要评判标准。

在比赛的内容设定上，除了单人的歌曲演唱以外，还特别设置了合作演唱的环节，考验参赛选手的合作能力以及如何权衡一荣俱荣、一损俱损的利弊关系。对于参赛的选手而言，这是对他们的合作精神的考验；对于观众来说，这也增添了比赛结果的不可预测性，大大增添了看点。

综上所述，可以将《歌王争霸》的赛制设定如下。

1. 海选赛

比赛方式：网络海选。

参赛选手可以个人或组合的形式，自行录制歌曲演唱视频发送至节目组，节目组将会把所有参赛选手视频带上标签“# 歌王争霸海选赛”在视频平台发布，根据网络点赞数进行晋级选择，选出点赞数最高的六组选手晋级。

2. 决赛

比赛方式：演播厅现场录制。

晋级总决赛的选手将通过一轮现场演唱比拼获得最终的“歌王”称号，选手除了单独的表演以外，六组选手将通过抽签进行两两组合来合作表演，除评委打分之外，现场观众也进行投票打分，现场观众投票数量的 10% 将计入选手的票数当中，合作表演的选手将分别获得相应的票数，最终歌王的评定分数由评委打分与额外加分的分数之和决定。

二、确定《歌王争霸》的节目流程

节目流程为后续的项目实施提供参考，是必不可少的一项内容。它可以帮助我们在实际录制中明确工作内容与人员分工，为节目录制的成功提供万全的准备。

节目流程需要非常细致地考虑到方方面面，从整场节目的开始到结束都必须写进流程单里。如流程单需要细致到每个节目有几个表演人员、在什么时间段上台表演、上台的方式是什么、需要何种道具等，还包括每个环节涉及的工作人员及具体的项目内容。

节目流程帮助节目录制的工作人员能够清晰明了地知道自己负责的工作内容。在《歌王争霸》节目中，首先需要确定的是播出的节目内容，在上述任务中，我们已将《歌王争霸》分为了三个阶段：第一阶段初赛的内容将在网络平台展示；第二阶段的内容为决赛前的选手培训，主要是纪实跟拍，剪辑出来的内容将在第三阶段决赛的舞台上展示。节目的最终呈现以决赛的舞台为主，播出的主要内容为第二阶段的视频内容与决赛现场内容的结合。

决赛阶段的主要形式与常规歌唱比赛晚会类似，根据决赛的赛制，具体的决赛流程单中需要明确开场、评委和选手的介绍、正式比赛表演、现场公布成绩决出优胜者和颁奖几个环节，具体制定见表 4-1。

表 4-1 《歌王争霸》决赛流程单

时间：20×× 年 × 月 × 日 19：30 地点：某某学校演播厅

序号	项目	人员	灯光	大屏	话筒	音效	道具	备注
一	开场片头		正常	片头 VCR				
二	开场词	主持人	正常		手持 2			
三	介绍领导与评委	主持人	正常					
四	比赛介绍		变暗	节目先导片				
五	参赛选手出场介绍 + 简短的人物采访	主持人 2	变暗转正常	对应选手的人物介绍短片	手持 3	开场音乐		
六	选手 1 赛前准备短片		变暗	短片视频				
	参赛节目 1	选手 1	正常	参赛节目 1 背景图	手持 1	伴奏		先出场再起音乐
	选手 2 赛前准备短片		变暗	短片视频				
	参赛节目 2	选手 2	正常	参赛节目 2 背景图	手持 1	伴奏		先出场再起音乐
	评委点评 + 亮分	主持人 评委嘉宾	正常	活动背景图	手持 5	效果音效		
	特别表演 1（纯表演）	选手 1 选手 2	正常	特别表演节目 1 背景图	手持 2	伴奏		先出场再起音乐
七	选手 3 赛前准备短片		正常	短片视频				
	参赛节目 3	选手 3	正常	参赛节目 3 背景图	手持 1	伴奏		先出场再起音乐
	选手 4 赛前准备短片		变暗	短片视频				

续表

序号	项目	人员	灯光	大屏	话筒	音效	道具	备注
七	参赛节目 4	选手 4	正常	参赛节目 4 背景图	手持 1	伴奏		先出场再起音乐
	评委点评 + 亮分	主持人 评委嘉宾	正常	活动背景图	手持 5	效果音效		
	特别表演 2（纯表演）	选手 3 选手 4	正常	特别表演节目 2 背景图	手持 2	伴奏		先出场再起音乐
八	选手 5 赛前准备短片		变暗	短片视频				
	参赛节目 5	选手 5	正常	参赛节目 5 背景图	手持 1	伴奏		先出场再起音乐
	选手 6 赛前准备短片		变暗	短片视频				
	参赛节目 6	选手 6	正常	参赛节目 6 背景图	手持 1	伴奏		先出场再起音乐
	评委点评 + 亮分	主持人 评委嘉宾	正常	活动背景图	手持 5	效果音效		
	特别表演 3（纯表演）	选手 5 选手 6	正常	特别表演节目 3 背景图	手持 2	伴奏		先出场再起音乐
九	现场观众针对特别节目投票	主持人 2	正常					
十	公布成绩 颁奖	主持人 嘉宾	正常	活动背景	手持 2	颁奖音乐		
十一	结束语	主持人	正常	活动背景	手持 2	欢乐音乐		

任务 3　制定完整的节目策划案

任务描述

在本任务中，学生需要将所学理论知识与现实情况相结合，在实际的校园条件下，跟随笔者的思路，制定一档校园娱乐节目《歌王争霸》的策划案。在制定的过程中，学生可以实际认识到，在制作一档娱乐节目时需要考虑的因素与环节，能够帮助学生在实践操作中更好地掌握电视娱乐类节目的策划方法。

任务要求

在制定策划案的过程中要掌握策划流程、策划案的写作要点和内容，并能够写出完整的校园娱乐节目《歌王争霸》策划案。

知识链接

1. 电视娱乐类节目的策划形式

电视娱乐类节目的形式多种多样，比较灵活，当电视娱乐类节目的策划形式呈现为文案时，需要注意选择合适的类型。

当策划的电视娱乐类节目随机性比较强时，在策划文案的写作上可以以列举大纲的形式呈现，它作为节目的预案也可以为节目的制作提供思路。而在实际的节目制作中，一般会采用详细的策划文案，将每个环节与流程都在文案中详细阐述出来，在一档节目的制作中，会涉及不同的工作内容分工，一份详细的策划文案可以方便所有的工作人员了解整个节目的流程，明确自己的工作职责。在详细的策划文案基础上，有时候也会加入拍摄的文案，以图表的形式清晰地标注各个需要拍摄内容的详细记录。

2. 电视娱乐类节目策划案格式

我们将电视娱乐类节目策划案分为以下三个部分。

（1）现实环境。现实环境又分为两个小点，分别是背景分析与企划动机。

（2）节目设定。节目设定包括节目名称、节目类型、节目主旨、节目目标、节目定位、节目内容、节目形式、节目风格、节目长度、单集节目结构、播出时段和播出次数等。

（3）摄制要求。摄制要求包括主持人、节目顾问、节目要求、整体目标、工作人员设置和可行性分析等。

任务实施

一、制定具体的策划案

在前述的任务中，我们已经确定了节目选题、节目模式、节目名称、节目赛制及节目流程，但除此以外，一份完整的节目策划案还需要考虑多方多面。

1. 节目风格

作为一档电视娱乐类节目，它的风格可以是多样的，可以像《向往的生活》一样是慢节奏的悠闲风格真人秀娱乐节目，也可以像一些密室解谜类真人秀娱乐节目一样是紧张、刺激、有趣的节目风格，又或是像竞赛类节目一样充满紧张感，但总体来说，电视娱乐类节目的风格都不会缺少幽默有趣的要素。这些要素在节目中可以通过各方各面去进行设置，例如在主持人和嘉宾的语言风格上，或者是在节目内容的环节上。

以《歌王争霸》的节目模式来看，它主要采用的是竞赛及真人秀的形式，所以节目应该有比赛的紧张及设置悬念的风格，而作为娱乐节目，幽默有趣的风格也是必要的要素。

2. 主持人风格

主持人在节目中的作用也至关重要，许多电视娱乐类节目里，主持人在其中起着穿针引线的关键作用，他们不仅要活跃气氛，带动节奏，还控制着整个节目的环节流程。如果说节目导演是幕后的操控者，那么主持人就是幕前的专业“场控”，因此选择的主持人的主持风格也需要与节目风格一致。

在《歌王争霸》节目中，主持人需要掌握整个节目的节奏与每个环节，需要有灵活应变的能力，同时主持风格需要比较幽默风趣。

3. 节目创意

作为一个并不新颖的节目选题，结合一档校园节目所限制的有限条件来看，节目的创意可以体现在什么地方？可以考虑的条件其实很多，这里为同学们提供一个思路，首先我们要知道，“创意”在于“新”，而“新”是相对于“旧”的存在，当我们没有头绪的时候，可以考虑从“打破”习惯入手。那么在本节目中，可以“打破”的习惯有哪些呢？常规的校园歌唱比赛一般环节单一、赛制简单，那么我们则可以从赛制作为切入点，这里可以回到“受众”的角度，在“短平快”的网络时代，为了更符合受众的习惯，我们可以把《歌王争霸》的海选赛定为“网络海选”。同学们也可以集思广益，勤加思考，想想在节目中还可以加入哪些创意。

4. 整合评估

在对节目的策划有了整体的思路后，需要进行整合评估。要注意的是，尽管娱乐节目的娱乐性是基础，但作为策划人和传播者，我们也要注重节目的内涵，注重节目的文化传播，娱乐消遣和文化学习双行，则更能体现我们制作电视娱乐类节目的意义和身为策划者肩负的责任。在整合评估中，许多细枝末节都需要策划者考虑到，最终形成一份完整的策划案。

在制作节目策划案的时候，“可行性”也是必须要考虑的。这里我们将节目设定为在校园平台播出的内容，同时对于学生来说具有可实践性。

综合上述的各点内容，可以制作出具体的校园电视娱乐类节目《歌王争霸》策划案如下。

一、现实环境

（一）背景分析

当下娱乐文化渗入生活的方方面面，娱乐节目层出不穷，娱乐节目越来越细分，针对性和目的性也越来越强。其中学生群体是一个备受关注的收视群体。

（二）企划动机

当下学生的校园文化生活日益丰富，而学生的校园生活少不了一场“歌手大赛”，以活跃校园文化气息，丰富学生的文娱活动，让学生在文娱竞技中可以释放自我、展现技能。此节目可使校园文化模式化、专业化、立体化，全面呈现校园文化，展现学生风采。

二、节目设定

（1）节目名称：《歌王争霸》。

（2）节目类型：真人秀歌唱类竞技比赛节目。

（3）节目主旨：节目比赛将在校园中进行，旨在带给学生更专业的才艺展现舞台，让这些学生能够被更多人看到，通过舞台肯定自我，同时通过节目让观众了解学生多姿多彩的缤纷校园生活。节目环节中加入了选手之间的合作，也是为了让参赛的学生学习在竞争中合作，认知到友谊第一，比赛第二。

（4）节目目标：打造一档热门的校园真人秀竞技节目。

（5）节目定位：16 ~ 18 岁的青少年学生。

（6）节目内容：以决赛现场录制的内容及第二阶段拍摄的内容为主要播出的节目内容。

（7）节目形式如下。

海选赛：主持人开场介绍＋海选参赛视频串联的形式。

决赛：主持人＋选手赛前的前期拍摄＋舞台现场录制内容的形式。

（8）节目风格：整体为轻快的节目风格。

（9）节目长度：1 小时。

（10）单集节目结构见表 4-2 和表 4-3。

表 4-2　海选赛节目结构

内容	时长
节目开场	3 分钟
主持人介绍	3 分钟
海选节目展示（每期共 5 个节目）	20 ～ 30 分钟

表 4-3　总决赛节目结构

内容	时长
节目开场	3 分钟
主持人介绍	5 分钟
比赛环节	100 分钟

（11）播出时段：总决赛结束后的第一周周六晚上 8 点。

（12）播出次数：一次。

（13）播出平台：校园官方视频账号发布在公共平台供观众收看。

三、摄制要求

（1）主持人：2 ~ 3 人，要求主持风格幽默又不失稳重，能有大局意识，可以掌控全场节奏。可由 3 名学生或 1 名老师 +2 名学生组成。

（2）节目顾问：专业音乐指导老师、专业礼仪指导老师、专业舞蹈指导老师。

（3）节目要求：要求节目内容符合社会主义核心价值观。对于收视群体是青少年的节目，需要有正确的价值观导向。

（4）整体目标：打造一档校园季播真人秀歌手竞技比赛节目，为在校学生提供展现自我的平台。

（5）工作人员设置：化妆师、音响师、灯光师、摄像师、编导、剪辑师、场务、总导演。

（6）可行性分析：作为一档校园节目，节目制作的成本与水准都将受到限制，需提前考虑到选手条件、录制环境和录制设备等问题。在施行时可以根据参赛选手的水平进行节目内容调整。

（7）节目流程见表 4-4。

表 4-4　节目流程

序号	项目	人员	灯光	大屏	话筒	音效	道具	备注
1	开场片头		正常	片头 VCR				
2	开场词	主持人	正常		手持 2			
3	介绍领导与评委	主持人	正常					
4	比赛介绍		变暗	节目先导片				
5	参赛选手出场介绍＋简短的人物采访	主持人 2	变暗转正常	对应选手的人物介绍短片	手持 3	开场音乐		
6	选手 1 赛前准备短片		变暗	短片视频				
	参赛节目 1	选手 1	正常	参赛节目 1 背景图	手持 1	伴奏		先出场再起音乐
	选手 2 赛前准备短片		变暗	短片视频				
	参赛节目 2	选手 2	正常	参赛节目 2 背景图	手持 1	伴奏		先出场再起音乐
	评委点评＋亮分	主持人 评委嘉宾	正常	活动背景图	手持 5	效果音效		
	特别表演 1（纯表演）	选手 1 选手 2	正常	特别表演节目 1 背景图	手持 2	伴奏		先出场再起音乐
7	选手 3 赛前准备短片		正常	短片视频				
	参赛节目 3	选手 3	正常	参赛节目 3 背景图	手持 1	伴奏		先出场再起音乐
	选手 4 赛前准备短片		变暗	短片视频				
	参赛节目 4	选手 4	正常	参赛节目 4 背景图	手持 1	伴奏		先出场再起音乐
	评委点评＋亮分	主持人 评委嘉宾	正常	活动背景图	手持 5	效果音效		
	特别表演 2（纯表演）	选手 3 选手 4	正常	特别表演节目 2 背景图	手持 2	伴奏		先出场再起音乐
8	选手 5 赛前准备短片		变暗	短片视频				
	参赛节目 5	选手 5	正常	参赛节目 5 背景图	手持 1	伴奏		先出场再起音乐
	选手 6 赛前准备短片		变暗	短片视频				

续表

序号	项目	人员	灯光	大屏	话筒	音效	道具	备注
8	参赛节目 6	选手 6	正常	参赛节目 6 背景图	手持 1	伴奏		先出场再起音乐
	评委点评 + 亮分	主持人 评委嘉宾	正常	活动背景图	手持 5	效果音效		
	特别表演 3（纯表演）	选手 5 选手 6	正常	特别表演节目 3 背景图	手持 2	伴奏		先出场再起音乐
9	现场观众针对特别节目投票	主持人 2	正常					
10	公布成绩 颁奖	主持人 嘉宾	正常	活动背景	手持 2	颁奖音乐		
11	结束语	主持人	正常	活动背景	手持 2	欢乐音乐		

二、根据节目内容完成拍摄方案

一档可运行操作的电视节目，各个环节都必须精确明了。在《歌王争霸》节目内容的设置中，包含真人秀的环节，也就是在前述任务中的第二个环节——跟拍选手在赛前的准备阶段，所以还需要完成该部分的拍摄方案。

我们知道，真人秀的亮点在于“真实”，因此只能设定大的框架与规则，其中的细节则由选手自由发挥。例如在本节目中，第二个环节是进行赛前的准备训练，我们能计划的是根据选手培训的时间确定拍摄时间，根据策划内容预计好拍摄内容及拍摄人员。

具体的拍摄方案如下。

一、拍摄时间

拍摄时间根据参赛选手训练的时间决定。赛前准备的时间为一周，拍摄组每天都将对选手进行跟拍。

二、拍摄内容

（1）选手进行培训的内容：其中包括他们如何和其他参赛选手相处、在培训中的表现及如何改进老师提出的问题等。

（2）选手日常生活：其中包括除了上课的时间以外，选手如何在比赛期间兼顾学习。日常生活的部分可以更多体现选手的个性。

三、拍摄人员

六组晋级决赛的选手

四、人员配置

一共六组晋级的选手，每组配备 1 名摄像和 1 名编导。

三、制定人物介绍短片拍摄脚本

在《歌王争霸》节目中，还涉及选手的人物介绍短片。在拍摄人物短片时，同样需要前期的策划，这类策划的文案一般会选择以分镜头脚本的形式呈现。分镜头脚本中包含景号、景别、拍摄方法、画面内容、台词和同期声等，可以根据编导的需要进行内容的添加。分镜本脚本可以帮助我们在拍摄的时候更精确地操作，明确拍摄内容，减少不必要的资源与时间的浪费。

下面以其中一组参赛组为例进行人物短片拍摄脚本制作。

《歌王争霸》a 组选手人物介绍分镜脚本

时间：20×× 年 × 月 × 日。

地点：某地。

时长：40 秒。

参赛同学：某某某。

分镜脚本具体内容见表 4-5。

表 4-5　分镜脚本具体内容

幕（场）	镜号	景别	摄法	画面内容	台词	同期声	后期	时长
A. 亮相	1	全景	居中	以校园标志性建筑为背景（校门口），集体亮相	我们是 a 组选手			3 秒
	2	中景		以每轮比赛为一组，共 4 组；唱同一首歌，每组成员在不同的场景用自己的特色唱一句，最后合唱一句（其他成员出画，从最后一组同学两旁入画）	我们每个（组）成员风格都不一样但是我们却融合得非常好		分四格分屏互动	4 秒 ×4=16 秒
B. 队伍刻画	3	空镜		树	用一个词形容我们的团队 那就是野草 音乐就是我们的阳光和水 只要能歌唱 我们就能生长			1 秒
	4	特写		弹吉他的手	……			1 秒
	5	特写		打节奏的手	……			1 秒
	6	特写		唱歌的侧脸	……			1 秒
	7	中景		带草地前景，相邻坐的两个同学，一个弹吉他，一个唱歌				2 秒
	8	全景		在操场草坪上围坐弹吉他唱歌的全体队员				2 秒

续表

幕（场）	镜号	景别	摄法	画面内容	台词	同期声	后期	时长
B. 队伍刻画	9	全景	先定后摇	全体围在一圈唱歌，气氛轻松融洽，镜头上摇		歌声		3 秒
	10	特写		以地上的吉他为背景，手入画，拿起吉他	我们马上就要踏上决赛的征程			2 秒
	11	中景		a 组选手其一侧身背上吉他，转身面对镜头	一定会拿出最完美的表现	口号		3 秒
	12	近景		其他成员也拿起装备，背包，转身，迈步	我们喜欢站在舞台上			3 秒
	13	特写		3 组面部表情特写（后三轮比赛的同学，微笑等）	我们想要歌唱			3 秒
	14	全景		学校标志建筑物前，全体呈 V 字站好	你，准备好聆听了吗			2 秒
				a 组选手其一面部特写：坚定的眼神				2 秒

思考与练习

1. 简述电视娱乐类节目的策划思路。
2. 根据校园实际情况策划一档校园娱乐节目，并制定策划案。

项目5 校园电视社会教育类节目《一战为王》策划

项目导读

电视社会教育类节目是一种经久不衰的电视节目类型，本项目将通过《一战为王》节目的策划，让学生从项目的分析与实施中掌握电视社会教育类节目的定义、特征、分类及节目模式等知识点，从而完成知识竞赛类节目的策划。

教学目标

- 了解电视社会教育类节目的特征和节目形式
- 掌握电视社会教育类节目的策划

任务1　确定《一战为王》的节目模式

任务描述

通过分析电视社会教育类节目的定义与特征，阐述电视社会教育类节目的分类，从而确定《一战为王》这档节目的节目模式。

任务要求

了解电视社会教育类节目的定义、特征、分类及节目模式。

知识链接

电视社会教育类节目的定义与特征如下：

（1）电视社会教育类节目的定义。电视社会教育类节目是在电视节目当中，对观众们进行社会教育和文化教育的一种节目样式。这类节目寓教育于娱乐，寓教化于服务，寓宣传于信息、文化知识的传播之中。电视社会教育类节目题材广泛，政治、文化、传统和科技都是此类节目的表现内容。

这类节目有着固定的专栏和节目主持人，在节目进行中与观众互动，让观众参与到节目当中，从而潜移默化地进行宣传教育，陶冶情操，使观众获得知识积累。

《百家讲坛》（图 5-1）是中央电视台第十套（CCTV-10）于 2001 年 7 月 9 日开播的讲座式栏目，栏目宗旨为“建构时代常识，享受智慧人生”。该栏目选择观众最感兴趣、最前沿、最吸引人的选题，追求学术创新，鼓励思想个性，强调雅俗共赏，重视传播互动。栏目选材广泛，曾涉及文化、生物、医学和经济等各个方面，现多以文化题材为主，并较多涉及中国历史和中国文化。

我国最早的知识问答类节目出现在 1980 年，是由广东电视台推出的《“六一”有奖智力竞赛》。1981 年，中央电视台开始举办《北京中学生智力竞赛》。目前，知识问答类节目已发展成为一种扩宽认知和普及知识的电视节目类型。

图 5-1　中央电视台《百家讲坛》节目

（2）电视社会教育类节目的特征。

1）知识性。电视社会教育类节目承担着宣传党的方针政策、弘扬中国传统文化、普及现代科学的重要使命。观众在观看节目的同时，能够增长知识。相较于别的类型的电视节目，它更着重于知识的科普，有用信息的传达、对知识的积累和对原知识有的巩固。

2）专业性。电视社会教育类节目的突出的作用是向受众传授维系社会发展所需的社会规范和知识，承担起个人社会化的功能，所以有较强的专业性。

3）广泛性。电视社会教育类节目面向的观众广泛，广大群众都可以参与，例如中央电视台的《百家讲坛》把专家从幕后带到了荧幕上，讲述了人文、自然、社会、中国历史和文化，通过电视这一媒介把知识普及到广泛的电视观众中去，成为大众可消费的精神文化产品。

4)多样性。早期的电视社会教育类节目是单纯的教学节目,随着电视节目的不断发展,电视节目内容也不断扩张，专类教育节目、综合教育类都大刀阔斧地进行了改革，丰富了单纯的知识传授内容，不仅把课堂知识的传授搬到了电视屏幕上，还结合归纳了生活中人们所面对的各种问题，传授了许多在学校里学不到的知识经验。

5）娱乐性。为了使节目内容不再单一枯燥、一味地讲授知识，电视社会教育类节目把纯粹的说教改为用一种轻松愉悦的方式去传播知识。在节目发展的过程中，还让观众参与进来，有了主持人和观众的互动，大大提高了节目的娱乐性。

娱乐性在电视社会教育类节目中能够丰富节目，提高节目的可看性和娱乐度，把知识寓教于乐，使受众在欢乐观看的同时也能学习到知识。

电视社会教育类节目的分类

（3）电视社会教育类节目的分类。电视社会教育类节目包含多种门类。

1）知识性节目。电视社会教育类节目突出的作用是向受众传授维系社会发展所需的社会规范和知识，承担起个人社会化的功能。这一作用比较集中地体现在它的政治、经济、文化和科技等各类知识性节目中。政治和经济知识性节目的内容一般比较严肃，政策性比较强。如中央电视台的《经济半小时》和《法制园地》等。

文化知识节目题材广泛，天文地理、古今中外，包罗万象。有的致力于观赏性，寓知识于山光水色之中；有的侧重于竞技性，在吸引观众参与的智力竞赛中传道授业解惑，如《世界各地》和《人与自然》等。

2）对象性节目。对象性节目是针对不同年龄的人群所开办的电视社会教育类节目。少儿节目是我国最早开办的对象性节目，中央电视台从1960年元旦起，每周三、六就有固定的儿童节目时间。现在，中央和各省市电视台已陆续推出如《大风车》《动画城》《芝麻开门》《七巧板》等充满童趣、深得童心的儿童节目，对开发儿童智力，培养少年儿童爱祖国、爱科学、爱人民的高尚情操起着不可估量的作用。

3）服务性节目。服务性节目生活气息浓郁，题材广泛，内容丰富，深为观众喜闻乐见。它向观众介绍烹调、保健、美容、栽花和养鱼等充满家庭生活乐趣的知识，常采用节目主持人与观众促膝谈心聊家常的形式播出，家庭气氛浓烈，传播效果好。服务性节目在许多电视台各类节目收视率中长期名列前茅。中央电视台的《为您服务》、湖北经济电视台的《何嫂五分钟》、广东电视台的《家庭百事通》等节目一直受到观众的喜爱。

4）教学节目。教学节目是系统地传授某一类文化科学知识的电视节目，它是课堂教学的扩大和延伸。将电视这一现代科学传播手段运用于教育领域是教育手段的一次飞跃，它突破了传统课堂教学的时空局限，实现一人讲，万人听，容纳最大量的学生，把教育面扩大到整个社会。

任务实施

一、认识电视社会教育类节目的节目形式

电视社会教育类节目按节目形式可划分如下。

1. 讲演型节目

讲演型节目又叫讲授型或者讲座型节目、电视课堂实录。讲演型节目通过电视这一媒介把课堂教学搬上荧幕，例如在中国教育电视台的《空中课堂》中，观众可以在电视

荧幕前直观地看到老师上课场景，就像身处在教室当中。

2. 戏剧型节目

戏剧型节目又称表演型节目。我国的外语教学、普通话教学、法律法规教育、社会伦理教育以及各行各业的标准教学多采用这一形式。

3. 专题记录类节目

专题记录类节目运用现在时或过去时的纪实，对社会生活的某一领域或某一方面给予集中的、深入的报道，内容较为专一，形式多样。专题记录类节目的内容多为自然科学和人文、地理知识，允许采用多种艺术手段表现社会生活，允许创作者直接阐明观点，具有特定的内容范畴，具有指向性和集中性。例如中央电视台科教频道推出的大型系列专题片《中国探月》。

4. 访谈类节目

访谈类节目是指主持人与访谈对象就预定的话题在演播现场进行讨论，并开放现场热线接受场外观众的电话参与的节目。该类型的节目多以谈话、访问的形式展开表达视角，各抒己见。以中央电视台科教频道谈话节目《百科探秘》为例，它关注百姓的民生话题，通过理性的分析和多视角的讨论，探寻隐藏在事物背后的真相，寻求可以被大众理解和接受的答案，倡导以科学的指导思想来全面提高中国人的科学素养。

5. 纪录片

第一个使用“纪录片”一词的是英国的约翰·格里尔逊（John Grierson），纪录片是以真实的生活为基础，以真实的人和事为表现对象，并对它们进行艺术加工，以展现真实为本质，用真实来引发人们思考的电视节目形态。纪录片的核心为真实，例如央视科教频道播出的纪录片《故宫》（图 5-2）和《大千世界》。

图 5-2　纪录片《故宫》

6. 益智互动类节目

益智互动类节目一般是以知识竞赛、智力问答等方式开展，在规定的情景中按照预定的游戏规则，邀请嘉宾、参赛选手或者观众，按照自己明确的目的，做出相应的行动，同时被记录下来做成电视节目。例如央视科教频道播出的《发明梦工厂》和江苏卫视播出的竞技问答类真人秀《一站到底》（图 5-3）。

图 5-3 江苏卫视《一站到底》节目

7. 综合类节目

综合类节目就是综合使用上述六种节目形式中的两种及以上的教育电视节目。在这类节目中，可能既有访谈类节目又有益智互动类节目等。

二、确定《一站为王》的节目模式

通过对以上知识链接的学习，可以深度了解到电视社会教育类节目的内涵，从而有利于确定校园知识竞赛类节目《一战为王》节目模式的制定。根据电视社会教育类节目的不同节目形式，为了节目的可操作性和可实用性，我们采取益智互动类来作为节目的形式。

任务 2 制定《一战为王》的节目策划案

任务描述

通过对电视社会教育类节目策划的学习，系统地完成《一战为王》的节目策划案。

任务要求

熟练掌握电视社会教育类节目的策划流程。

知识链接

电视社会教育类节目的策划流程

电视社会教育类节目的策划流程

电视社会教育类节目的策划流程包括节目构思策划、制作策划、资源配置策划、传播策划、撰写策划案和策划方案评估。电视社会教育类节目的策划流程是有顺序的、连贯的，每一步之间互相影响。

（1）节目构思策划。节目构思策划是对整个节目的内容题材和形式的统筹，找准选题就是找准节目策划的方向。节目构思策划要确定好受众，根据受众来决定节目的主题材料和节目形式。选择的内容决定表现形式，表现形式又服务于选择的内容。

（2）制作策划。制作策划主要是从节目制作的过程进行策划，主要考虑制作时间、设备和技术方面。技术性的策划是为了表现节目的主题，从声音、镜头、画面、剪辑手法和拍摄手法等技术层面考虑，结合电视节目想要表达的主题和内容材料，来考虑镜头语言和后期配音等技术的使用。

（3）资源配置策划。资源配置策划就是在节目制作中对电视资源的合理分配，把人力、财力、物力配置到最优。电视节目的制作少不了工作人员，对于人员的合理安排也是电视节目顺利进行的关键。为了保证策划的电视节目能顺利播出，在资金方面就要做出合理并详细的预算。

（4）传播策划。传播策划是对电视节目的传播和播出方式的设计。传播策划要根据观众的定位选择好播出的最佳时间，不同的节目观众群体不一样，要依据观众聚集时段来合理地设定播出时段。在节目播出前也要做好宣传和节目的包装，可以利用传统媒体和新媒体进行节目预告，播出片花剪辑，提高知名度，先声夺人，抓住观众眼球，提高观众期待值。

（5）撰写策划。确定以上策划后，就要撰写策划案，将节目选题、节目定位、节目收视群体分析、节目内容和形式分析、拍摄工作和人员安排（也可列出拍摄时间表）、节目技术分析、节目预算估计（列出预算清单）、节目传播策略、实施策划时间表和策划方案评价等表现在策划书上，方便讨论修改。

（6）策划方案评估。策划方案完成后要进行评估、修改和完善。策划方案评估主要考虑节目完成后的节目质量、社会影响、市场价值和经济效益等。在电视社会教育类节目的制作过程中会遇到实际情况和预期不相符从而产生偏差的情况，那么策划书就要根据实际情况进行重新拟定和修改。

任务实施

思考《一战为王》的节目策划流程

1. 节目构思策划

为了丰富校园课余生活，提高学生的自主学习能力，让学生灵活运用课堂知识，并且能在学生之间营造良好的学习风气，积极调动学生的主动学习意识，让学生除了在课堂中学习外，也要在课堂外学习，保持积极进取的学习态度，决定开设一档知识竞赛类节目，其不仅可以巩固学生的专业知识，开拓学生的眼界，增长见识，还能达到宣传教育的目的。选手们通过答题的方式，产生激烈的竞争，每期得分最高的选手成为本期的“题王”，每一期产生一位“题王”。本赛季共九期，第九期为本赛季的总决赛，本赛季前八期的“题王”参加总决赛的赛季冠军比拼，最终获得赛季冠军。因为选手之间是在一轮又一轮的比拼中分出胜负的，这就像是站在了知识的战场上，所以该档节目可定名为《一战为王》。

2. 制作策划

结合《一战为王》节目想要表达的主题和内容材料，主要考虑镜头语言和现场收音等技术的配合使用。开场的主持人介绍采用全景拍摄，选手答题镜头切换近景，能看清选手的肢体语言和表情。大屏幕选择题目时切换大屏幕电脑画面，让观众可看清选手选择的题号、选择的内容及答案选项。遇到选手错答的题，或者有疑虑需要普及的题，大屏幕切换播放科普视频。在节目播出时要张弛有度，不能一味地只有竞赛画面，需要插播科普动画和视频做调节，避免视觉疲劳，抓住观众的眼球，把知识潜移默化地传达给观众。

3. 资源配置策划

为了保证节目的正常拍摄和播出，人力的分配必须恰当合理。《一战为王》节目可设置总导演一名，统筹整个节目、梳理流程和调度人员。节目设置节目组编导两名，负责前期准备工作，题库整理、插播视频素材跟进等。根据节目的时长和比赛环节的设置，配备主持人为男女各一名，主持人要在语言互动中推进流程，分读比赛题目和报告选手的分数情况。在现场拍摄阶段需要摄影师三人以上，灯光师两名，后期剪辑两名。还需要节目组后勤三名，负责现场道具的搬动摆放、工作人员的水和食物配备，并听从总导演的工作安排。

4. 宣传策划

节目的关注度有一部分取决于节目前期的宣传。宣传度高，就会获得观众的讨论和期待，所以要做好节目播出前的包装。首期《一战为王》节目宣传可打印宣传广告张贴在学院宣传栏上，也可在手机校园公众号上推出推文，剪辑比赛当中的精彩片花上传网络平台、公众号等。播出的时段可选在学生们开班会的固定集中时段。

5. 撰写策划

《一战为王》节目策划方案如下。

一、背景分析

为了充实校园文化，弘扬爱国主义精神，提高自主学习能力，创造勤奋学习的良好风貌；让学生们抛开书本上的知识，拓宽知识面，增强综合水平；让学生们发挥创造力，充分展现自我，决定开设一档知识竞赛类节目，不仅可以加强巩固学生的专业知识，增长其他方面的学习，开拓学生的眼界，增长见识，还能达到宣传教育的目的。

二、节目名称

《一战为王》。

三、节目时长

30分钟。

四、节目宗旨

《一战为王》以益智题目为主，让学生在轻松欢乐的氛围中获得知识、展现自我。

五、节目定位

本节目属于益智类节目，以知识竞赛的方式，寓教于乐观众，将自然，生活，文化，历史和科学等知识相结合，有一定的知识性和趣味性，并准备奖品来刺激同学们相互竞争，营造紧张刺激的竞赛氛围。《一战为王》为节目名，以鼓励大家积极参与，成为战到最后的大赢家。

六、节目模式

知识竞赛＋真人秀。

七、节目结构

节目内容：《一战为王》共分为三个环节，累计分数，前两环节为闯关模式，第三环节为攻擂模式。共5位选手。

1．第一个环节：有问必答

每位选手5道必答题，参赛选手从题库中自主选择题号进行作答，题库不可重复选择。题目的内容包括数学、文学、历史、外语、音乐、社会和时政等。所有题目均以选择题的方式进行作答。

2．第二个环节：争分夺秒

该环节设置时长为30秒，每位选手要在30秒的时间内尽可能多地回答问题。该环节的题目内容以生活小常识、趣味性的知识问答为主。

3．第三个环节：眼疾手快

本环节共设置20道题，由所有选手进行抢答，最终以答题最多的选手为本轮比赛的获胜者。题目内容为综合类选择题，包括数学、文学、历史、外语、音乐、社会、时政和趣味性知识等。

打分标准：共三个环节，答对获得 10 分，答错不得分、不扣分；第三环节中如果抢到题目的选手未能给出正确答案，主持人重新示意后，其他选手可进行二次抢答，答对的选手获得 5 分，答错不得分、不扣分。

求助方式：

（1）电脑去掉一个错误选项；

（2）求助现场观众；

（3）连线求助场外。

八、节目流程

（1）片头。

（2）主持人演播室介绍（第一环节）。

主持人：大家好，欢迎收看这一期的《一战为王》，我是 ×××。这一期的《一战为王》又有那些选手来挑战呢？让我们一起来看看。

（播放选手个人自我介绍 VCR）

主持人：好的，看完选手们的自我介绍，他们自信满满，摩拳擦掌地在自己的位置就位了，那么我们开始今天的比赛，一号选手准备好了吗？

选手：准备好了！

（大屏幕打出 10 个号数的背景题版）

主持人：那么请选择你的题号。

（选手选择题号后依次进行答题）

（第二环节）

主持人：好的，第一轮的比赛已经结束，我们来看一下选手的分数情况如何，现场的分数排名是……这只是第一轮分数而已，落后的选手们也不要着急，接下来我们进行第二项比拼，争分夺秒。

（选手按序号进行答题）

主持人：××× 同学，刚才有道题，西瓜霜是由什么制成的你没答出来。

选手：这个我也不知道，我就跳过了。

主持人：那么现场的同学们有知道西瓜霜是怎么制作出来的吗？（现场互动）

（后期插播视频：西瓜霜的制作）

有需要进行科普的知识后期剪辑上视频即可。

（第三环节）

主持人：两轮比赛选手的表现都非常出色，我们来看一下经过两轮的角逐，现在场上各位选手的比分是怎样的，一号选手 ×× 分，二号选手 ×× 分……那么现在进入最紧张刺激的眼疾手快环节。准备好了吗？

选手们：准备好了。

主持人：好，请看题。

主持人：5位选手3个环节的比赛都已经全部结束了，现在留在台上的只剩下X号选手×××，那么他就成为这一期《一战为王》的最强题王，让我们给他以最热烈的祝贺！也把掌声送给参与本期比赛的其他选手，感谢他们的参与，继续努力，期待更多挑战。本期《一战为王》到这里就结束了，想要报名参加挑战的同学请查看屏幕下方的报名方式，《一战为王》等你来挑战，下期再会！

（后期屏幕下方加入报名方式字幕）

（3）片尾。

九、节目组人员设置

导演一名、节目组编导两名、主持人两名（一男一女）、摄影师三人以上、灯光师两名、后期剪辑二名和节目组后勤三名。

思考与练习

1. 请你做一份知识竞赛类节目的策划案。
2. 电视社会教育类电视节目的社会价值是什么？

项目 6 校园电视新闻类节目《校园新鲜事》策划

项目导读

电视新闻类节目以新闻材料为基础，经过整合后，可向观众传递新闻信息。本项目将通过《校园新鲜事》节目的策划，让学生从项目的分析与实施中掌握新闻节目的定义、特征分类及节目模式等知识点，从而完成校园电视新闻类节目的策划。

教学目标

- 了解电视新闻类节目的分类及形式
- 具备分析电视新闻类节目特点的能力
- 掌握电视新闻类节目的策划
- 运用所学知识实际策划一档校园电视新闻类节目

任务 1　确定《校园新鲜事》的节目模式

任务描述

电视新闻类节目是传播最新信息、报道真人真事的广播电视节目的总称。它是广播电视节目的骨干，担负着沟通信息、传达政令、反映动态、表达舆论、宣传党和政府的方针政策的重要使命。通过分析电视新闻类节目的定义与特征，阐述电视新闻类节目的分类，来确定《校园新鲜事》这档节目的节目模式。

任务要求

了解电视新闻类节目的定义、特征、分类及节目模式。

知识链接

电视新闻类节目的定义与特征

1. 电视新闻类节目的定义与特征

（1）电视新闻类节目的定义。新闻性节目是传播最新信息、报道真人真事的广播电视节目的总称。而其中电视新闻类节目是指以新闻材料为基础，运用现代电子技术，通过电视屏幕，形象地向观众传递新闻信息、报道真人真事的一种电视节目。此类节目以信息量大为标志，时效性、广泛性、指向性是其主要特质，电视新闻类节目担负着沟通信息、传达政令、反映动态、表达舆论、宣传党和政府的方针政策的重要使命。它是通过电视摄像、记者采访、镜头设计、拍摄、剪辑、写解说词、配音这几个程序来完成的。它可以系统地、形象地报道事物发展的过程。电视新闻是一般电视台节目的骨干和主体。

以《新闻联播》（图 6-1）为例，该新闻节目于 1978 年 1 月 1 日起在中央电视台综合频道首播。2003 年 5 月 1 日，因中央电视台新闻频道的试播，该节目于每日 19：00 在中央电视台综合频道和新闻频道并机直播。2019 年 8 月 1 日，因 CCTV-7 由“军事 · 农业频道”更名为“中央电视台国防军事频道”，该节目于每日 19：00 在中央电视台综合频道（CCTV-1）、新闻频道（CCTV-13）和国防军事频道（CCTV-7）并机直播，同时各省级卫视频道和部分地方台进行转播，每期为 30 分钟（有时可能延长）。《新闻联播》运用了高度程式化的编排风格。从播出顺序来看，依次为时政报道、常规报道、国内简讯和国际简讯四大版块。这四大版块虽偶有调整，但总体维持着次序的稳定。其中，时政报道作为《新闻联播》的传统题材和优势资源，在整个节目中占据主要地位，其时长往往占据整个节目的近 1/2；新闻性较强的常规报道往往处于较弱的地位。而《新闻联播》近期改版的一个主要举措就是对时政报道进行精简，并强化常规报道的地位。《新闻联播》目前成为人们获取信息的有效渠道，这是因为其从自身的定位出发，使节目更加“贴近实际、贴近生活、贴近群众”，在导向正确的前提下，不断提高《新闻联播》的收视率，因为只有被接收的信息才能产生传播的效应。

（2）电视新闻类节目的特征。电视新闻类节目以图像、声音、文字等符号直接作用于受众的感知器官，其作用的方式立体，传播内容丰富，兼容天下事。在传统媒体中，多数情况下电视新闻更容易被人们所接受。其具有以下特点：

1）及时性。受众对于新闻事件都有着先睹为快的心理，电视新闻可以从一定程度上满足人们求新求快的欲望，有一定的时效优势。

2）纪实性。电视新闻类节目通过声音、画面、文字的立体方式来传递新闻现场的信息，表现出新闻现场的场景、色彩、明暗、特征和空间等，让受众可以直接获得最真实的现场信息，为人们分析判断新闻事件提供最可靠的依据，最大程度地再现及还原新闻本源的真实场景。

3）传播内容丰富、易接收性。电视新闻类节目集图像、声音、文字等众多符号于一体，内容形式多样化，且每条信息通道的负荷相对减少，信息量得到增大，易于被受众所接收。

4）受众广泛性。电视新闻类节目以直观且立体形象的语言，通过视觉、听觉两个通道直通受众的认知领域，减少因为年龄、文化程度、自身功能条件、社会地位等差异而产生的认知阻碍，消除差异从而接收信息。

5）局限性。电视新闻图像是无法保存的，一般情况下不能回看、不能反复观看加深理解，且受众没有自主选择权，对于新闻的内容无法进行自我筛选。受到时间和篇幅的限制，受众不能对新闻事件的具体背景及未来发展进行透彻的分析。

2. 电视新闻类节目的分类

电视新闻类节目的分类

电视新闻类节目的类型多种多样，按照节目形式可划分为消息类电视新闻类节目、连续报道类电视新闻类节目、专题类电视新闻类节目、访谈类电视新闻类节目和重大事件特别报道电视新闻类节目。

（1）消息类电视新闻类节目。消息类电视新闻类节目是电视新闻类节目的主干部分，以真实、客观为原点，迅速、及时、简明扼要地报道国内外新近或正在发生、发现的事实。其中消息分为短消息和长消息两类。

1）短消息。短消息时长一般在 1 分半之内，以一个新闻事件、一个新闻现场或一个新闻主题为呈现特点，要求视角新颖、主题鲜明、视觉冲击力强。

2）长消息。长消息时长一般在 4 分钟内，表现主题比较重大抑或是社会焦点的问题。长消息以非事件性报道为主，要求在短消息的基础上在时空上有一定拓展和延伸，新闻中要有一定的立意和深度，同时运用多种电视表现元素。报道党和国家领导人的重要活动或重要会议、事件、成就等多用长消息来进行新闻呈现。

图 6-1 《新闻联播》

（2）连续报道类电视新闻类节目。连续报道类电视新闻类节目分为连续报道和系列报道两种类型。这两种类型被视为消息类新闻节目的一部分，但因其并非单条新闻，在播出上会有一定的时间跨度。二者在题材选择、时效性、报道序列和传播功能上有比较明显的差异。

1）连续报道。它是对正在发生、发展中的新闻事件及所追踪的事态进行及时、持续的报道。连续报道的题材往往是重大新闻。它的特点主要体现在对报道的时效性有比较高的要求；报道有较强的连续性，连续一般是纵向的；报道在总体结构上具有完整性；从报道层次上看是逐渐递进的；报道具有一定的广博性；报道在声势上具有强烈的悬念感。

2）系列报道。它是围绕同一主题从不同角度、不同侧面进行多次报道。系列报道是我国电视新闻界的创造。它以集中的强大声势宣传党的路线、方针、政策和成就，引起社会舆论的关注，产生良好的宣传效果。系列报道在主题上具有同一性特点，在传播上具有系统性和信息密集化特点。

（3）专题类电视新闻类节目。专题类电视新闻类节目是综合运用各种电视表现手段与播出方式，深入报道某一重大新闻事件或某些具有新闻价值又为广大观众所关心的典型人物和典型经验、新出现的社会现象以及表现某一行业、地区新面貌、新气象等内容的新闻报道形式。专题类电视新闻类节目可以分为电视新闻专题节目、电视新闻调查节目和电视新闻深度报道类型。

1）电视新闻专题节目。它又可分为典型报道、事件的现场报道、重大事件综述和思辨性报道等几种类型。

2）电视新闻调查节目。它是利用电视的表现手法，以揭露社会负面事实为主要目标，由新闻媒体独立完成采访报道任务的电视新闻类节目类型。电视新闻调查节目是一个电视新闻频道的核心竞争力所在，同时也是体现媒体公信力的重要手段。这类节目对记者和编辑提出的要求较高，因此节目往往能够产生深远的社会影响。

3）电视新闻深度报道。它是运用电视的表现元素和报道方式对新闻事态的发生进行前因后果的解释分析和预测。电视新闻深度报道具有理性思辨的色彩，同时它的表现手法丰富多样，多侧面、多视角、多层次的立体报道是它的一大特点。由于对事态有深层次的思考，因此深度报道节目往往能够在社会中引起较大的影响。

（4）访谈类电视新闻类节目。这类节目是以采访者与受访者之间面对面谈话的形式，就某一新闻事件展开交流的电视新闻类节目，如《焦点访谈》节目（图 6-2）。访谈类电视新闻类节目可分为人物专访和谈话节目两种类型。

图 6-2 《焦点访谈》

1）人物专访。人物专访是采访者通过与新闻事件中的焦点人物进行面对面的深入交流，把新闻事件与新闻人物融为一体，以人物为视角来解读新闻的节目类型。

2）谈话节目。谈话节目是在主持人的驾驭下，由嘉宾和观众共同参与，就社会热点事件展开平等的对话交流，为各种意见和观点提供沟通平台的节目类型。

（5）重大事件特别报道电视新闻类节目。重大事件特别报道电视新闻类节目是指电视媒体综合运用各种电视节目形态和表现手法，对已经或正在发生、发现的具有深远和持续影响力的事件进行细致、全面和深入报道的节目形式。由于这种方式社会效益突出、影响力不可估量，因而尽管其报道持续时间长、制作难度大、形式多样化，所投入的人力、物力、财力多，但各大电视媒体每逢重大事件仍不惜全台之力投入报道。若以事件的性质为标准，重大事件特别报道电视新闻类节目还可以划分为可预知的程序性重大事件特别报道和不可预知的突发性重大事件特别报道。

1）可预知的程序性重大事件特别报道。可预知的程序性重大事件是事先经过精心策划和安排的、有大致轮廓的、甚至有比较详细的时间表的事件。当然，可预知的程序性重大事件特别报道也有可能出现事先无法确定的环节。

2）不可预知的突发性重大事件特别报道。突发性重大事件往往是不可预知的，但它却最能够检验电视媒体和记者的新闻敏感和反应能力。虽然如地震等自然灾害有时会有一些前兆，但事件发生的确切时间、地点、进展过程及可能引发的后果都是事先难以预料的。面对突发性重大事件，电视媒体必须在第一时间赶到事发的第一现场，通过现场连线或影像报道将事件的最新进展呈现给观众。由于缺乏事先准备，不可预知的突发性重大事件特别报道在开始时难免粗糙和凌乱，但这种原生态的记录方式和事件本身的不可预知性恰恰是最吸引观众的。

任务实施

一、认识电视新闻类节目的节目形式

电视新闻类节目的节目形式

电视新闻类节目的节目形式是指采用何种形式来呈现新闻。根据新闻的时效性、急缓程度以及新闻的重要性或事件类型，节目会以不同的节目形式对新闻进行呈现。

（1）口播新闻。口播新闻是消息类新闻的一种形式。由播音员直接以口述的方式来播报新闻内容，没有现场图像。该形式多集中于急稿、公告、决议、命令及没有合适图像的简讯。特别重要的政令公告会采用整屏字幕加画外音播报的方式来进行呈现。

（2）文字、图片新闻。文字、图片新闻在屏幕上呈现字幕或图片，以简单易懂的方式向观众传播最新的新闻信息。这种新闻形式简单快速、运用灵活。

（3）图像新闻。图像新闻在新闻节目中呈现新闻现场摄录的声音和画面，结合文字说明，对新闻进行报道。因为有现场画面，新闻事件可以更直观、形象地展现。

（4）现场采访报道。现场采访报道以记者或主持人的身份出图，在新闻事件的现场进行采访和报道。新闻事件的现场情况和记者的现场采访、总结、点评相结合，使呈现方式更直观。

（5）现场实况直播。现场实况直播在现场采访报道的基础上体现时效性，其往往在新闻事件发生的当下及延续时间播放，以新闻事件现场的记者的所见、所闻、所感来对新闻事件进行完整的报道。

（6）系列报道。系列报道对新闻事件或新闻人物进行连续的、深入的报道，其篇幅较长，内容更详细，不受时效性的制约。

（7）新闻专题。新闻专题对某一个新闻题材或新闻人物、事件进行比较深入具体且详尽的报道。专题类电视新闻内容量更大也更有深度。

（8）新闻评论。新闻评论形式中，主持人或评论员对于新闻事件或话题进行阐述并加以评论。结合事件背景、事件发生走向及事件影响来点评新闻事件或话题。

二、确定《校园新鲜事》的节目模式

通过以上的学习，可以深度了解到电视新闻类节目的内涵，有利于确定校园电视新闻类节目《校园新鲜事》节目模式的制定。根据电视新闻类节目的不同形式，为了节目的可操作性和实用性，《校园新鲜事》将采用“口部新闻 + 文字图片新闻 + 图像新闻 + 现场报道”的复合模式来进行节目策划及制作。

任务2　制定《校园新鲜事》的节目策划案

任务描述

通过对电视新闻类节目策划的学习，系统地完成《校园新鲜事》的节目策划案。

任务要求

- 熟练掌握电视新闻类节目的策划流程和重点。
- 组建节目团队。
- 形成完整的《校园新鲜事》节目策划案。

知识链接

电视新闻类节目的策划流程

电视新闻类节目的策划首先要确定节目宗旨、节目形式、节目定位、内容选取、节目时长、播出方式、采编方式等才能呈现一期完整成型的电视新闻类节目。

任务实施

《校园新鲜事》校园电视新闻类节目策划案如下。

一、背景分析

在校学生不仅仅需要学习科学文化知识，也应当具备对新闻事件的自我认知能力。因此，办一档以学生为目标受众，包含新闻热点、校园资讯的新闻节目尤为重要。学生可以通过节目了解校内外的新闻事件，关注热点事件，丰富认知。此新闻节目突出电视媒体的服务性和引导性，为老师同学们带去最新、最需要的新闻资讯，同时传播先进的思想理念，引导学生们建立正确的人生观、价值观和世界观。

二、组建团队

制片人：1～2人，对节目内容进行排版、审核，是《校园新鲜事》的主要负责人。

编辑：3～6人，分为文字编辑和画面编辑。对节目内容进行整合、编辑。文字编辑主要负责文字内容的改写、编辑。画面编辑主要负责画面素材的编辑。

记者：6～10人，主要负责第二板块校内新闻的采访、稿件写作和拍摄。

字幕：1～2人，根据新闻内容，配标题文字及同期声文字。

播音员（主持人）：3～4人，一男一女主持人搭档，要求具备较强的理解能力、播报识稿能力、驾驭话题能力和现场应变能力等，主要负责出图播报新闻主要内容及稿件配音。

导播：1～2人，在节目录制过程中，对镜头画面及素材画面进行切换。

后勤：2～3人，负责节目协调及节目后勤保障工作。

三、节目名称及时长

节目名称：《校园新鲜事》。

节目时长：30分钟。

四、节目宗旨

本栏目旨在通过对校内外的新闻热点事件、校园资讯和校园政策措施等内容的关注及呈现，围绕当前社会大众感兴趣的问题，对社会生活的各个方面进行较广泛深度的报道，以揭露现象下的实质问题，促进学生全面了解社会动态和校园动态等，引导好学生的主流价值观。

五、节目定位

关注校外实事、社会热点；关注校内热点事件，更新校内资讯；沟通社会，传递信息。

六、节目形式

文字图片新闻、图像新闻和现场采访报道等。

七、节目结构

节目内容：《校园新鲜事》一共分为三个版块。

1. 第一版块：聚焦于校外实事动向、社会热点

该版块内容主要集中于校外资讯、国家时事、国际趋势、社会热点事件、民生百态和资讯更新。内容来源于各大主流媒体，由编辑进行内容筛选并对图片、文字、视频进行编辑，由主持人进行配音。

（1）时事例稿[①]：在2022年中国国际服务贸易交易会上，综合应用沉浸交互式展陈技术的元宇宙体验展馆首次亮相，给人留下深刻印象。随着新技术、新成果、新应用不断涌现，大数据、云计算、人工智能、区块链等数字技术为服务贸易发展注入新动力。当前，全球疫情起伏反复，世界经济复苏乏力，科技创新的重要性更加凸显，本届服贸会为“创新是引领发展的第一动力”写下生动注脚。

（2）国际趋势新闻例稿[②]：国际原子能机构总干事格罗西4月1日在社交媒体上说，他将于近期率领一支援助团队前往乌克兰切尔诺贝利核电站。此外该机构还将向乌克兰派出更多援助团队，以协助确保乌境内核设施安全。当天晚些时候，格罗西在奥地利维也纳举行的新闻发布会上说，首个援助团队将很快启程前往切尔诺贝利核电站。

（3）社会热点例稿[③]：清明小长假临近尾声，铁路、电力和民航等部门坚守岗位，统筹做好疫情防控、运输服务和安全管理工作，确保旅客出行平安顺畅。

全国铁路清明假期运输期限为4月2日至5日共4天。来自中国国家铁路集团有限公司的最新数据显示，2日至5日，全国铁路预计发送旅客851万人次，铁路运输平稳有序。

小长假期间，中国铁路昆明局集团公司加大站车疫情防控力度，在昆明、昆明南等车站全面启用疫情防控智能闸机设备，实现旅客进出站体温检测和健康码查验同步完成，提高旅客进出站效率。中国铁路西安局集团公司加开、恢复多趟西安至汉中等方向动车组列车，满足旅客出行需求。

（4）民生百态例稿[④]：上海浦东新区一男子因违反防疫规定被警方行政处罚。3月31日9时许，浦东新区临沂路某小区居民田某某（男，46岁）违反防疫规定，擅自离开封控小区，且未佩戴口罩。经防疫巡控人员劝阻，仍拒不配合。目前，田某某因拒不执行人民政府依法发布的决定、命令，被公安机关行政处罚。

2. 第二版块：关注校内热点事件、更新校内资讯

内容集中于校园内事件、资讯更新等。由记者对事件进行采访、报道，由编辑对文字、

---

① 尹双红：《释放创新潜能 激发创新活力（评论员观察）》，《人民日报》2022年9月21日第5版，http://paper.people.com.cn/rmrb/html/2022-09/21/nw.D110000renmrb_20220921_2-05.htm.

② 刘昕宇，郭晨：《国际原子能机构表示将向切尔诺贝利核电站派遣援助团队》，新华网2022年4月2日，http://www.news.cn/2022-04/02/c_1128525517.htm.

③ 樊曦：《铁路等部门积极保障清明小长假旅客平安顺畅出行》，新华网2022年4月5日，http://www.news.cn/2022-04/05/c_1128533195.htm.

④ 朱翃，兰天鸣：《上海一男子违反防疫规定被行政处罚》，新华网2022年4月2日，http://www.news.cn/2022-04/02/c_1128527551.htm.

图片、视频进行编辑。可对校园内的事件、资讯进行及时的拍摄及报道。记者可对师生进行采访。

校园资讯例稿：昨日，我校举办人才工作会议，会议以“新征程、新使命、新作为”为主题。会上，校长张 × 以“凝心聚力 深化改革 加快建设一流创新人才高地”为题作报告，他在发言中表示，“要持续完善引得来、立得稳、留得住、长得好、飞得高的人才生态，努力形成群贤毕至、班行秀出、持续发展的人才队伍建设新优势，为‘双一流’建设高质量发展奠定坚实人才基础。”

党委书记赵 ×× 以“齐心协力 多措并举 开创学校人才工作新局面”为题作总结讲话。他表示，要统一思想，凝聚共识、遵循规律，保持定力、坚定信心，真抓实干。要系统把握人才工作的科学方法、谋划人才队伍建设顶层设计、打造一流人才队伍、优化人才发展体制机制，切实把“人才强校”战略转化为生动实践，有力支撑学校事业跨越式发展。

据悉，学校将实施五大人才计划，汇聚国际一流的师资队伍。针对战略科学家、青年科技人才、教学名师、重大领域科技人才和高水平创新团队，分类分策实施五大人才支持计划，有组织地引育一大批科技战略力量。在深化人才汇聚模式、健全人才评价体系、推动用人主体授权、完善多元激励体系、巩固良好人才生态五大方面深化改革，不断提升人才治理体系和治理模式现代化，为实现人才队伍高质量发展提供强有力保障。

3．第三个版块：对热点事件进行评论

根据当下民生关注的热点，结合主流媒体的声音，由评论类编辑记者或主持人针对事件，以客观的角度来进行评论。编辑对文字进行整理编辑。

评论例稿[①]：近年来，陪诊服务逐渐走进公众视野。据不完全统计，电商平台上提供陪诊服务的店铺超过500家，生意好的店铺月销售量上千单。据媒体报道，目前陪诊员遍布北京、上海、广州和杭州等多个城市，既有自由职业者，也有看护机构的员工。

老人、孕妇、未成年人和残疾人等看病，需要有人陪伴，家人若没有时间，就得找人代替。一些医院越建越大、科室越分越细，看门诊、做检查、缴费取药，容易走错路、进错门，需要有人陪伴引领。看病先到哪里、做什么，流程很讲究，让懂窍门的人陪诊，可节省不少时间。社会老龄化程度日益加剧，民众对生活便捷程度的要求越来越高，陪诊需求也随之增长，这株创新幼苗具有长大成树、变成大众化服务的潜力。

社会陪诊服务虽然出现了一段时间，却属民间自发的新业态。草根化、粗放式的陪诊服务，不仅质量无法确保且隐藏风险。比如陪诊员难免接触到患者的敏感信息，隐私一旦泄露，对患者的杀伤力很大。医托、号贩子、保健品推销员等混迹其中，陪诊就会变成行骗的幌子。找熟人医生插队看病属行业不正之风，陪诊员将医院人脉当资源，可能影响就医公平。需要家属签字的紧要关头，陪诊员能否代行监护权，由此产生的后果如何划分责任等，也缺乏规则。

没有规矩，不成方圆。只有以规则为推手，方能发挥陪诊服务的优势，规避风险与乱象。

---

① 罗志华：《陪诊服务应该“陪什么”“怎么陪”》，《中国青年报》2022 年 4 月 1 日第 6 版，http://zqb.cyol.com/html/2022-04/01/nw.D110000zgqnb_20220401_7-06.htm.

规范的前提是正名，有必要将“陪诊员”纳入新职业目录，并明确服务规范和范围。

更要看到，陪诊员的素质能力是影响该职业能否健康发展的关键因素。如果陪诊员拥有较高的健康素养，甚至具有医学专业背景，陪诊就会更加得心应手，提出的建议也更科学合理。如果陪诊员具有较强的看护能力，对于失能或半失能患者、孕妇和婴儿、残疾患者等特殊群体的陪诊服务，就会更贴心周到。陪诊员的入职标准如何设定、职业培训由谁负责、竞争机制怎么建立等，决定着陪诊员队伍的整体素质，对行业发展也将产生重要影响。

患者需要陪诊，但陪诊并非简单地“带人看病”，还应该有一些其他服务。代理监督医疗行为、出现纷争时替患者维权，可作为陪诊服务的拓展内容。

陪诊服务做得好，还可帮助患者节省费用。基本医保、大病保障、商业保险、长期护理险等险种很多，如何报销最划算，有时需要进行精算。甲类、乙类医保目录药品及目录外药品怎么搭配使用，关系到诊疗效果和费用负担。购买陪诊服务的患者连自行看病都颇感困难，对于这些烧脑的问题就更加无力考虑。陪诊要敢于向这些领域迈进，使服务更全面和优质。

陪诊服务涉及生命与健康，服务对象又多为老人等特殊群体。为陪诊服务制定好各种规范，方能让这个新职业茁壮成长，既造福于广大患者，又拓宽就业渠道。

八、节目流程

（1）节目前期，制片人召集值班编辑、记者进行选题分析会议，首先对第一板块内容进行选择，对第二板块校园新闻内容的新闻事件进行规划，分配记者对事件进行拍摄、采访和报道。

（2）记者对事件进行采访、写作稿件、拍摄编辑画面。

（3）编辑对主流媒体稿件的文字内容、画面和图片进行筛选及编辑。对记者采写的文字及画面进行编辑。

（4）主持人进行新闻稿件配音。

（5）制片人对节目进行排版和审核。

（6）期间后勤人员与各工种人员进行配合。

思考与练习

1. 你觉得做校园新闻节目策划的难点是什么？

2. 选择一档电视新闻类节目进行分析。

项目7 校园电视生活服务类节目《校园小帮手》策划

项目导读

电视生活服务类节目作为收视率较高的节目类型之一，长期以来坚持“以人为本”的节目理念，广受人民群众的喜爱。在生活服务类节目竞争激烈的当下，策划是提高节目质量和创意的根本保证。

在本项目的学习中，我们将通过校园生活服务类节目《校园小帮手》的策划，让学生从项目分析与实施中了解电视生活服务类节目的定义、特征分类及节目定位等知识点，掌握电视生活服务类节目的策划流程，总结出电视生活服务类节目的策划技巧和原则。

教学目标

- 了解电视生活服务类节目的基础知识
- 提升策划选题的能力
- 具有鉴赏和分析生活服务类节目的能力
- 掌握电视生活服务类节目的策划原则和技巧
- 具有正确打造引领潮流又受观众喜爱的电视生活服务类节目的能力

任务1　确定《校园小帮手》的节目定位

任务描述

节目定位是一个节目的灵魂，它决定着一个节目与其他节目的区别。准确而又独到的定位，是一个节目能否有生命力的关键。因此完成《校园小帮手》策划案的首要目标是明确节目定位。

任务要求

了解电视生活服务类节目的定义、特征、类型及节目定位的相关知识，从而掌握节目定位的内涵，明确节目定位的重要性，举一反三，能够合理制定出《校园小帮手》的节目定位。

知识链接

电视生活服务类节目的定义与特征

1. 电视生活服务类节目的定义与特征

（1）电视生活服务类节目的定义。1979 年，中央电视台《为您服务》（图 7-1）的开播，标志着中国从此有了电视生活服务类节目。现今，电视生活服务类节目经过 40 多年的发展，从早期简单提供信息，到今天的集服务功能、教育功能、娱乐功能于一身，电视生活服务类节目的内涵与外延随着社会的进步也在不断变化、发展，已经发展为一种可以巧妙利用融媒体进行推广的电视节目类型。

图 7-1 《为您服务》

在《广播电视辞典》中是这样界定电视生活服务类节目的："以实用性内容为主，为观众日常生活、学习、工作服务的电视节目。"同时在《电视生活服务类节目：定位、形态与包装》一书中是这么定义电视生活服务类节目的："传播者针对受众日常生活的衣、食、住、行等方面制作的节目，都可以归纳为生活服务类节目的范畴。"

综上所述，电视生活服务类节目是一种为满足人们和社会的日常生活的需求，提供指导帮助和服务的电视节目类型。所以，这类型节目一般注重内容的实用性和服务性，承载着服务社会生活的责任。

（2）电视生活服务类节目的特征。从以上的定义中，可以首先归纳出电视服务类节目具有实用性和服务性这两大的特点；此外，其在表现形式上还具备多样化这个显著特征。

1）实用性。首先，实用性是电视生活服务类节目的核心特征，强调的是信息是否与受众切身利益相关。节目内容重在传递能够给观众日常生活的衣、食、住、行产生间接或直接的影响信息。其次，实用性电视生活服务类节目有别于其他类型节目的本质特征。虽然电视节目都具备传递信息的功能，但是不同类型节目传递的信息侧重点不同。新闻类节目重在发布新闻、传达政令，起到喉舌媒介的作用；娱乐类节目注重娱乐性，传递的信息多是为了消遣与放松；社教类节目注重教育功能，传递的信息强调教育性；唯独电视生活服务类节目重在强调信息的实用性，注重满足受众生活需求。

2）服务性。电视生活服务类节目，顾名思义强调的是它的服务性。新闻类节目往往先强调真实性和时效性，文娱类节目先强调娱乐性，社教类节目先强调教育性，之后才会考虑节目的服务性。但是，电视生活服务类节目从诞生之日起，就是为受众的生活服务，提供与生活息息相关的信息，提供物质和情感的生活指导与帮助。

服务性首先体现在内容上始终坚持“以人为本”和“为人民服务”的创作理念，强调节目应当立足于受众，立足于生活，一切以受众的视角去审视问题。为受众提供生活所需的帮助，以平民化视角服务大众。

服务性往往还体现在节目名称中。电视生活服务类节目名称一般都有“生活”“帮”“服务”或者以明确某个生活服务相关的项目命名，例如“生活帮”“生活圈”“天天饮食”“家政女皇”“天天饮食”“生活面对面”等，从名字就能感受到这个节目的服务性。

3）多样化。除了节目内容的实用性和服务性外，电视生活服务类节目在表现形式上也呈现了多样化的特点，以此来增强节目的可看性和趣味性。例如中央卫视的《交换空间》、江苏卫视的《非诚勿扰》、天津卫视的《非你莫属》、湖北卫视的《你好！面试官》都采用了真人秀的拍摄模式；又例如天津卫视的《爱情保卫战》和江西卫视的《金牌调解》都是融合了以事件模拟、访谈、专家分析解答等多种表现手法。电视生活服务类节目形式的多样化不仅能保证节目的服务性，还能给节目带来不错的收视率。

2. 电视生活服务类节目的分类

电视生活服务类节目的类型多种多样，深入受众生活的领域，与受众生活密切相关。按节目内容划分可将其划分为动态讯息类、指导培训类、情感服务类、求职服务类和房产家居类。

（1）动态讯息类。动态讯息类主要给观众提供生活相关的信息与资讯，包括气象信息、交通讯息、购物讯息和旅游讯息等。例如中央电视台的《天气预报》（图 7-2），交通出行指南、电视购物类节目，深圳卫视的《时尚旅游》。

（2）指导培训类。指导培训类主要针对观众的一些生活技能、技巧，包括美食、育儿、美妆、养生健康等进行培训与指导。例如美食服务节目有 CCTV-1 的《天天饮食》（图 7-3）、CCTV-2 的《回家吃饭》（图 7-4）、河北卫视的《家政女皇》；育儿服务节目有 CCTV-2 的《超级育儿师》、贵州卫视的《育儿大师》；时尚美妆节目有湖南卫视的《我是大美人》、深圳卫视的《时尚美装》和中央电视台的《健康之路》等。

图 7-2 《天气预报》

图 7-3 《天天饮食》

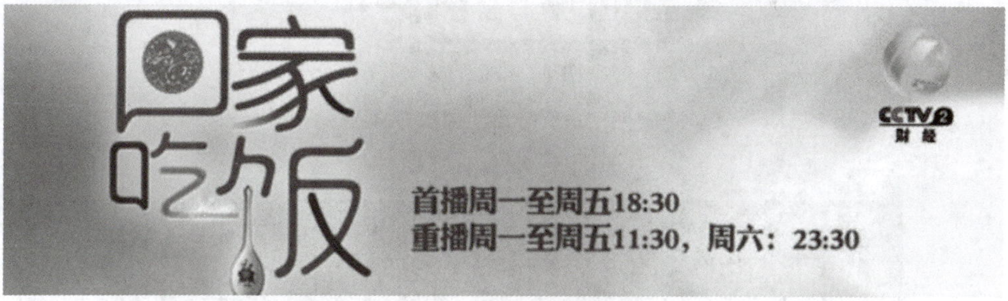

图 7-4 《回家吃饭》

（3）情感服务类。情感服务类节目主要解决观众精神层面的需求，包括相亲交友和情感纠纷。例如相亲交友节目有江苏卫视的《非诚勿扰》（图 7-5）和东方卫视的《中国式相亲》；情感纠纷的节目有北京卫视的《生活广角》、东方卫视的《幸福魔方》和江西卫视的《金牌调解》（图 7-6）。

（4）求职服务类。求职服务类节目以求职为主，是给广大毕业生提供就业机会的服务类节目。这类节目多融合真人秀的形式展开。例如中国教育电视台的《职来职往》（图 7-7）、天津卫视的《非你莫属》和深圳卫视的《你好！面试官》。

图 7-5 《非诚勿扰》

图 7-6 《金牌调解》

图 7-7 《职来职往》

（5）房产家居类。房产家居类节目主要面向的是广大有购房、装修需求的热爱生活、热爱家庭布置的人群，重在给观众提供装修、家居知识与创意。例如中央电视台财经频道的《交换空间》（图 7-8）和东方卫视的《梦想改造家》（图 7-9）。

图 7-8 《交换空间》

图 7-9 《梦想改造家》

电视生活服务类节目的节目定位

3. 电视生活服务类节目的节目定位

节目定位是指策划团队对播出节目的思想、目标受众、节目样式和制作风格等的划定，对节目设置的目的和宗旨所做的事先规划。定位是节目的灵魂，决定它与同类型节目的区别。清晰而准确的定位将决定一个节目是否拥有生命力。《天气预报》的节目定位就是一档为全民传递天气讯息，提供生活、出行参考的生活服务类节目。《你好！面试官》的节目定位将“职场未来”的概念贯穿始终，在以往求职类节目的基础上，进行了多维度的升级。为打造“职场未来”的理念，节目从形式到内容设计都更具张力。节目契合职场生态，从评估到面试再到谈薪资，全面反映出求职者、面试官等各方心理诉求，直观地展现了求职面试中的求职者之间、面试官之间、求职者与面试官之间的各方博弈。清晰明确的节目定位使《你好！面试官》（图 7-10）呈现出统一的节目风格，以独有的节目特色吸引了稳定的受众群体。

图 7-10　《你好！面试官》

明确节目定位应当从两个方面入手：一是受众定位，二是内容定位。

（1）受众定位。受众是节目的最终服务对象，因此节目定位首先要确定自己的目标受众。不同类型的生活服务类节目的受众面也是不同的，一般分为普遍群体和特定群体。

普遍群体指的是所有受众群体，即不同的年龄、职业、地区、性别构成的多元受众群体。普遍群体受众的节目通过将目标受众群体最大化，来提升节目的社会影响力和收视率。例如各级电视台的天气预报节目，其受众不受限制，男女老少皆宜。中央电视台的《为您服务》，通过设置《律师出招》《为您理财》《美食走四方》等多样而实用的节目板块，让一家人都能在节目中找到自己感兴趣的内容。

特定群体指的是某个特定的受众群体，根据受众的性别、年龄、职业进行细分，从主体受众中遴选出的目标受众群体，能获得更精准的传播效果。例如美妆类、时尚类、母婴育儿类节目如《拜托了妈妈》（图 7-11）都属于有明确而特定的目标受众的节目。

图 7-11　《拜托了妈妈》

所以说，无论是什么类型的受众群体，都要从适合什么年龄段、哪类人群等方面着手，多角度分析明确目标受众的收视习惯和心态，才能保证节目的长久不衰。

（2）内容定位。一般来说，节目的内容定位是由频道的宗旨和受众对象的需求决定的。所以频道策划人在尊重频道定位的基础上应当充分了解受众的心理需求，了解受众的偏好，才能有的放矢地对节目内容定位进行主线规划。例如中央电视台经济频道的频道受众定位就是关注经济生活的群体，《消费主张》（图 7-12）结合频道定位将节目内容定位为关注消费生活领域的动态变化，为广大消费者提供有价值的资讯、观点和判断依据。

图 7-12 《消费主张》

综上所述，确定生活服务类节目的节目定位需要事先周密地收集、调研资料，遴选出目标受众，再根据目标受众的感知热点和爱好、需求等方面的综合评估分析才能确定出准确而合理的节目定位。

任务实施

为了确定《校园小帮手》的节目定位，我们要先完成以下任务。

一、组建团队

电视服务类节目的策划团队一般没有具体的人数要求，可以根据班级人数及分工来组建。一般 3 ～ 5 人为一个小组，要求主要策划人员（可以是个人也可以是群体）具备综合素养、专业素养和服务素养。他们不仅要懂生活还要热爱生活，具备主观能动性，能够积极揣摩受众的心思和需求。

二、寻找目标受众

《校园小帮手》是由校园电视台策划制作的一档生活服务类节目，根据校园电视台的媒体属性和通俗易懂的节目名称，可以将《校园小帮手》的目标受众群体分析描述如下。

（1）目标受众群体：在校大学生。

（2）目标受众年龄：一般分布在 18 ～ 23 岁之间。

（3）目标受众特点：他们普遍处于同一年龄层，有着类似的观点和价值标准、兴趣爱好等；受过高等教育，有知识有文化；新鲜事物尝试度高，关注社会热点，同时经济和人格并未完全独立；等等。

只有合理地分析目标受众，才能提供精准的指导帮助和服务来满足受众的利益和需求，才能拥有忠实度高的收视群体。

三、内容定位

在《校园小帮手》的内容定位上，策划人应跳出个人需求，通过对相关的社会现象、大学生生活、大学生受众心理的观察与分析，挖掘在校大学生的真实需求，为他们提供切实可行的服务。其服务内容应该包括如下内容。

（1）内容设置上应贴近大学生生活，从当下他们关注的热门生活资讯入手，用生动而有趣的表现方式，满足他们对生活资讯的迫切需求；还可以为他们出招 / 支招，解决生活里的小难题；同时还可以验证一些生活里的小窍门是否有效。

（2）有数据显示，大学生感兴趣的服务不仅有衣、食、住、行等生活需求，还注重心理健康、幸福的提升等，所以还要适当设置心理疏通与引导等服务内容。

（3）根据大学生群体的经济和人格尚未完全独立这一特性，应当注意正确引导他们，多宣传一些积极健康向上的内容，杜绝不良的生活习惯和观念，从而引导当代大学生科学健康地享受生活，提高生活品质。

四、确定节目定位

根据受众定位分析和内容定位分析，我们可以确定《校园小帮手》的节目定位是为在校大学生打造的生活服务类节目，力图提供实用而健康的干货，帮助在校大学生轻松愉快地度过大学时光。

任务 2　制定《校园小帮手》的节目策划案

任务描述

策划是对节目内容和形式的统筹设计。制定策划案就是将节目构思创意生成书面文稿，是节目策划流程中的重要一环。在策划中，节目的核心竞争力是内容，锦上添花的是形式，如何让生活服务类节目实现内容与形式的统一呢？我们就需要通过创意策划来完成。在完成节目构思后，应当及时生成创意文本，以便评估方案。撰写策划文本时应当做到简明扼要、逻辑清晰、创意性强，且具有可行性，这样才能为节目拍摄和制作提供有力的依据，从而提升节目的影响力、公信力和传播力。

那如何制定《校园小帮手》的策划案呢？首先应当基于《校园小帮手》的节目定位去确立选题和构思节目，然后再生成创意策划案。策划案的内容涵盖节目宗旨、节目名称、节目时长和播出时间、节目内容、节目模式、节目流程、节目风格和人员分配等。

任务要求

了解电视生活服务类节目策划的流程和内容，掌握电视生活服务类节目策划的重点并完成《校园小帮手》节目策划案。

知识链接

电视生活服务类节目的策划流程

1. 电视生活服务类节目的策划流程

《生活面对面》的制片人马雅玲在采访中曾经说过：“我们节目组建立了选题库制度，在每期节目的记者报选题后，主编根据选题库甄别是否做过，是否有新的点可以再做。我们的节目选题操作流程大体是这样的：首先，由记者报题或者主编、组长定下选题方向，编导在完成采、搜集资料的工作后撰写脚本;之后，组长、主编层层审查并进行修改、补充和完善；最后，编导与摄像进行现场室外拍摄。”马雅玲所阐述的就是电视生活服务类节目的策划与制作的过程。因此，我们可以归纳电视服务类节目的策划流程，包括选题讨论与确立、相关资料的收集和整理、节目构思、撰写创意策划案和执行方案评估等。

（1）选题讨论与确立。基于节目定位，找准选题，就是找准节目策划的切入点，就把握住了受众的心理，摸准了受众需求，离节目成功就又近一步。选题应当从受众出发，从受众密切相关的生活中收集服务性和实用性的信息。

选题的讨论可以借助头脑风暴法来展开，这是团队工作中常用的收集创意的方法，不仅好操作而且效率高。在选题的过程中可以选中一个关键性词汇，然后小组根据这个词汇进行发散性思维的讨论。在讨论时以保护思考者积极性为主，不对想法进行评价；尽量鼓励思考者多表达想法与创意，重数量多于质量。

同时，可以借助思维导图软件记录下讨论的过程与成果，最终梳理出合理可行的选题。思维导图是表达发散性思维的有效图形思维工具，它简单、有效又很高效，是一种实用性的思维工具。

（2）相关资料的收集与整理。根据节目的选题内容，查阅收集相关的图片、视频、数据、声音和文字等资料。还可以进行市场调研分析，精准把握市场需求。通过大量的信息收集与合理的市场调研，能够初步形成捕捉新信息、发现新观念的选题能力。在整理相关材料的过程中，注意辨明资料的新度、深度、准确度及信息量，筛选出有效信息整理归类，不仅方便后期查阅，同时也能成为电视策划中的重要参考依据。

（3）节目构思。构思是指策划人在确定了电视生活服务类节目的任务和选题后，在搜集大量信息的基础上，通过自身的创造性思维形成节目的内容、结构和形式等。换句话说，就是在这个环节中，要开始着重考虑节目模式、节目内容、节目流程和节目风格等方面的设计。

1）节目模式。电视生活服务类节目的节目模式是指采用何种形式来呈现节目。电视生活服务类节目的节目形式日新月异，从最初由一位主持人在演播厅里的播讲状态（主持人讲述式），到逐步适应电视节目的潮流，迎合受众的需求，又出现了访谈式、纪录片式、真人秀式、竞技式和情景剧式等多样化的节目模式。

此外，除了单独使用一种节目模式外，还出现了多种节目形式复合使用的多元节目模式。例如早期的《玫瑰之约》采用的就是“演播室访谈式 + 竞技式 + 真人秀式”的复合模式。湖南卫视的《向往的生活》（图 7-13）采用了“纪录片式 + 真人秀”模式来完成节目，其创新的节目模式俘获了一大批忠实的受众群体。

图 7-13　《向往的生活》

2）节目内容。根据选题大致介绍节目播出的内容和编排情况，生活服务类节目内容都注重内容的实用性，节目的结构是内容的表现形式，通过结构的编排实现节目内容的合理分布。例如有些电视生活服务类节目会由几个大的板块组成，每个板块内容都不一样，节目内容丰富且老少皆宜。例如河北卫视的《家政女皇》（图 7-14）就有“老方琼叨叨”“高招在民间”“女皇大连线”“女皇上菜”“生活妙招排行榜”“丈母娘来了”等板块。此外，有的电视生产服务类节目并没有区分模块，结构也比较简单，只是就“单线单事”展开实用信息的传递。例如北京电视台的《生活面对面》就是以访谈和现场互动为主，围绕着一个事件或主题，以矛盾冲突为核心，通过专家讲解解决百姓生活服务中的困惑。

图 7-14　《家政女皇》

3）节目流程。按照节目播出的标准来制定的节目流程，是对节目内容的具体设计，是该节目视听化前的文字脚本，有时也可用分镜脚本来表达。流程中不仅包含内容的具象化，还包括片头、片尾和转场的设计等。以下是对北京卫视《生活面对面》（图 7-15）大致流程的复盘。

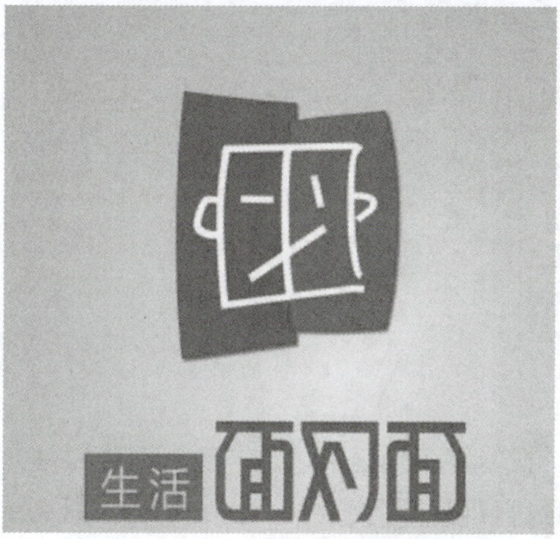

图 7-15 《生活面对面》

该节目在节目模式上采用了主持人、专家与观众进行现场互动的模式。

每次节目开始，主持人会先介绍某个社会事件或者生活的热点话题作为开场切入点，同时还会邀请本期嘉宾介绍相关的知识。再通过有故事、有情节的小片回顾整个新闻案件，向观众抛出今天的主题。然后是主持人与观众的互动环节，观众可以对该问题进行讨论。行业专家会通过示范、解释等通俗易懂的方式来消除现场观众的疑虑，高效率的多维互动强化了节目效果。最后主持人在对今天的主题进行总结，完成实用性资讯的传播。

该节目并没有设置多个板块，而是采取简单的结构围绕主要矛盾和核心展开讲述、访谈和现场讨论，最后再进行科学性与权威性的总结，传递给观众具有参考价值的信息。

4）节目风格。对于这电视生活服务类节目来说，其节目定位就是为人民服务，节目的生活化元素必须要通过亲切的态度、亲民化的风格来拉近与观众的距离，提升观众对节目的认同感，且节目内容从策划开始就围绕着受众需求展开，想观众所想并投其所好。所以生活服务类节目风格应当是亲和且放松的，有时还是风趣的。

节目风格除了通过内容和节目包装制作效果来呈现外，还可以通过主持人的形象和语言风格来实现。亲民的形象、自然的语调、风趣幽默的表达，能够很好地贴近观众。例如《回家吃饭》的一大亮点便是主持人王小丫，在该节目中她不再是《开心辞典》里那个“知性”“干练”的知识女性形象。她由一个职场女性回归到家庭厨房，以平易近人的形象邀请明星来家里聚会，边做饭边聊天，以心换心地与受众真诚交流。节目品的不只是美食，更是回家的情怀。

（4）撰写创意策划案。策划人员在敲定基本构思后，就会进入具体撰写文案阶段。在电视节目生成之前，人们是通过策划案来了解节目的意义、内容、定位、模式、人员和可能遇到的困难等。所以说策划案的生成，其实就是用来指导实施执行的。

生活服务类节目策划案一般涵盖以下内容：

- 节目宗旨。
- 节目名称。
- 节目时长和播出时间。
- 节目定位。
- 节目模式。
- 节目风格。
- 节目内容。
- 节目流程。
- 节目组人员设置。

（5）执行方案评估。在方案落地之前，应当进行是否可实现操作的评估，一来可以对风险进行预判，二来也可以减少不必要的人力、物力、财力的损失。对方案进行评估时应当结合经费预算、人工分配、时间和空间等因素进行考虑，评估是否存在实现的可能，否则终将是竹篮打水一场空。例如在疫情防控常态化的今天，节目选题策划时容易受时空的限制，至少对于要出国拍摄的选题在短时间内很难再考虑。

2. 电视生活服务类节目的策划重点

电视生活服务类节目的策划重点

电视生活服务类节目策划的重点应当表现在选题和创意设计上。

（1）选题。

1）选题原则。俗语说“巧妇难为无米之炊”，选题就是一档节目的原材料，没有选题，一档节目就无法开展。在电视生活服务类节目竞争激烈的今天，有好的选题节目就成功了一半。在制定电视生活服务类节目的选题时要注意以下四个原则：一是从受众出发，讲究实用性；二是注重科学性；三是与时俱进；四是要有系统性的选题意识。

首先，选题要从受众出发，讲究实用性。在电视生活服务类节目中要明确节目受众定位，即节目的服务对象是谁，有些节目为了内容精准定位，还会进一步细分受众。除了按照年龄、性别细分外，还会对不同地域、不同时令、不同气候下受众群体进行精准定位，以便精准服务受众。例如在美体护肤类节目中可以针对 18 岁以下的少女、18 ～ 25 岁的学生、25 岁以上的职业女性、孕妇、家庭主妇及 60 岁以上的老年人分门别类地开设不同种类、不同性质的节目。总之，要从受众出发，传递与受众生活密切相关的实用信息。受众越需要，实用性就越高，同时观众对节目的接受度也会更高。实用性是要服务观众生活的方方面面，所以节目选题要具备指导性和可行性。

其次，选题要注意科学性。在进行选题时，还应当注意选题材料的科学性。因为生活服务类节目的宗旨是为观众提供资讯并指导生活，所以选题应当积极向上且具备专业性与权威性，才能保证选题的科学性。例如在很多节目中，为了增加节目知识的权威性，会请专业法律专家、经济学家等为观众提供有重要的参考价值的生活知识。

再次，选题要与时俱进。随着市场经济的发展，人们的生活质量不断提高，人们生活的重点也由物质需求转向精神追求，向购房买车、化妆美容、电脑网络和旅游健康等高质量的生活转化，所以选题时应当拓宽范畴，坚持与时俱进。此外，还可以聚焦社会热点，挖掘社会需求，跟上时代脚步。例如针对当前房价调控、居民住房消费变化推出系列节目，帮助居民购房、家装等。

最后，节目的选题还应当考虑系统性的策划。选题时不仅要立足当下，还要有超前的理念，简单地说，就是要有主题、成系列、有规划。系统性规划的选题可以使每期电视节目的策划活动的资源具有延续性和可参考性，将会节省大量的成本，有利于电视节目的长效运作，保证该节目能够持续发展。

2）选题来源。在制定选题的过程中，不应该闭门造车，应当开拓选题来源，为节目策划提供源源不断的想法和灵感，才能保证电视节目的经久不衰。通常来说，常见的选题来源有以下三种。

- 来自其他媒介。在寻找选题时不仅可以灵活利用如报纸、广播等为主的传统媒介获取素材，还可以从各类新媒体平台如学习强国、百度、抖音和小红书等来寻找社会热点讯息，丰富选题来源。其中学习强国就是一个集丰富资源为一体的拥有强大、新鲜数据资源的 App。
- 来自生活中的发现。作为电视生活服务类节目的策划人，除了要具备专业素养外，还应当具备懂生活和热爱生活的品质。社会生活中往往蕴含着丰富的选题，策划人食人间烟火，应当要对生活有着细微的观察，培养自己对题材的职业敏感度，这样才容易从生活中选择出大家都感兴趣的话题。
- 来自受众。对于电视节目而言，应经常设置有观众热线、观众来信等环节，方便接收受众的需求与反馈。同时，有些节目还在新媒体平台上开通了相应的账号，通过微信公众号、微博和抖音等平台的留言可以高速有效地接收受众的需求，所以策划人要很好地利用这一选题渠道。

此外，在面对从不同渠道获取而来的选题时，应当学会辨别信息的真伪及科学与否，学会筛选信息，从源头上杜绝虚假、伪科学、媚俗、低俗和庸俗节目的诞生，保证节目的合理性与科学性。

（2）创意设计。创意是节目策划程序的核心部分，没有创意就谈不上策划，而是计划。节目策划的创意主要体现在节目构思上。

首先，节目内容应当丰富多样。电视生活服务类节目虽然包罗万象，但是随着时间的发展，电视节目内容容易出现同质化，使得观众产生审美疲劳，所以应当多去挖掘受众的深层次需求，拓宽范畴。例如如果是单一的美食节目，除了能请厨师给观众展示一道菜的做法外，还可以讲述这些食材的药理知识或者如何选择新鲜的相关食材的普及知识，这样内容就能更加丰富。

其次，节目形式应该多样化。随着观众审美需求的提高，节目形式也呈多样化发展，所以在策划电视生活服务类节目时，应当借其他电视节目类型来丰富自己节目的形式。例如相亲节目《非诚勿扰》选用了真人秀模式，同时增加“情感专家”的角色与主持人配合，创新了主持模式，增加了节目的趣味性与创意度。

再次，注重节目的生动性。为了让节目更加生动和有趣，在策划时还应当考虑主持人的风格、道具的选择、场景的布置。此外，精良的视听语言也有助于增加节目的生动性。

最后，为节目取好名。成功的节目名称有凝聚浓缩的力量。电视生活服务类节目的取名首先注重的是实用性与创意性的融合。具备创意的节目名称不是没有来由的灵光乍现，而是需要我们发挥主观能动性去挖掘名称与节目内容之间的微妙联系。例如《非诚勿扰》和《职来职往》等就属于节目取名中的佼佼者。

任务实施

为制定合理有效的《校园小帮手》节目策划案，我们应当完成以下任务。

一、选题讨论

《校园小帮手》的节目定位是为在校大学生打造的生活服务类节目，力图提供实用而健康的干货，帮助在校大学生轻松愉快地度过大学时光。基于这样的节目定位，选题应当是围绕着校园或者校园周边展开的，重点突出其实用性与服务性。此外，选题还一定是积极向上的，具有青春活力的，这是校园生活服务类节目的价值所在。

首先，可以锁定“校园服务”这个关键词，展开头脑风暴，要求每个成员都要加入讨论进行创意接力，并借助思维导图记录讨论过程，如图 7-16 所示。

然后，根据可行性与创意性对头脑风暴结果进行细分选题，开展具体选题的创意构思。例如根据时令可以确立做与夏天相关的选题。思维导图梳理记录如图 7-17 所示。通过讨论筛选出防晒、防蚊、夏令养生、美食、减肥等选题。

1. 相关资料的收集和整理

小组成员通过不同形式（小红书、抖音、百度、微博及各种研究报告、新闻报道、市场调研等）获取防晒、防蚊、夏令养生、美食、减肥等相关的图片、视频和文字资料等，并进行筛选、整理汇总出有价值的信息。之后可在老师的指导下完善和补充选题信息。

2. 节目构思

（1）确定节目模式。校园电视台一般都有演播室，具备采、编、播一体的设备和人力资源，所以可以选择的模式有演播室访谈式、情景剧式、户外采访模式这三种。节目面向的是青春活力的大学生群体，为了增加节目可看性与趣味性应当放弃单一模式，采用演播室访谈式、纪录片式、情景剧式和户外访谈式四种形式相结合的多元化的节目模式会更受欢迎。

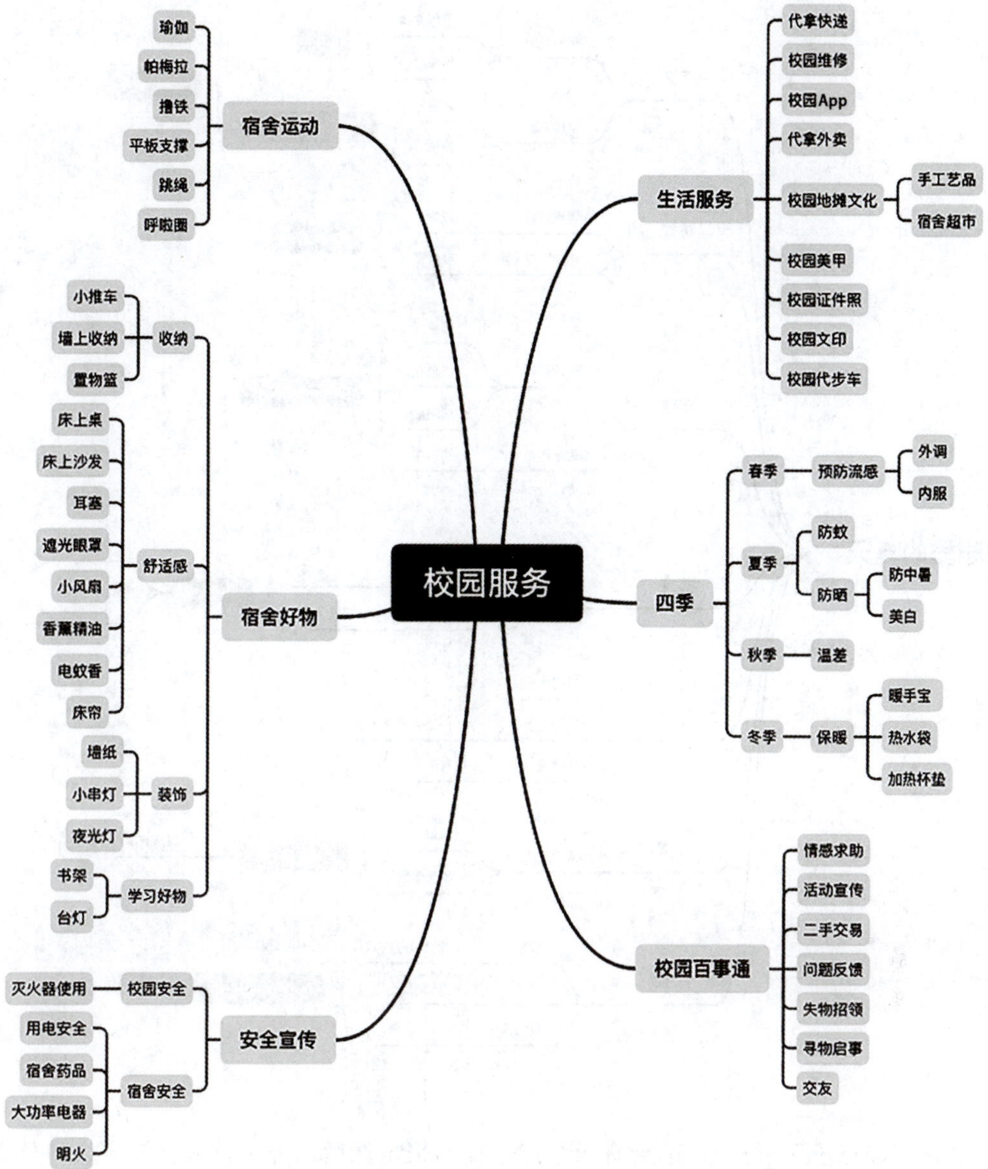

图 7-16 校园服务思维导图

（2）节目内容可以根据校园热点调查或者问卷调研学生最需要的服务有哪些，再根据信息反馈进行模块分类；可以设置“校园帮帮团”“我爱美食”“我有好点子”三个模块。

“校园帮帮团”：可以用情景剧的形式导入今天需要解决的校园“难题”，经常与学习、法律求助，或者网络、时事等热门话题讨论对策相关，板块中还会邀请或者连线相应的行业专家来帮忙解决这个难题，提升节目权威性。

“我爱美食”：以纪录片的形式介绍美食，选题以高校所在地为中心辐射全省乃至全国各地校园周边美食，让同学们足不出户也能体验各地高校及周边美食，以食物为主，以故事为辅。

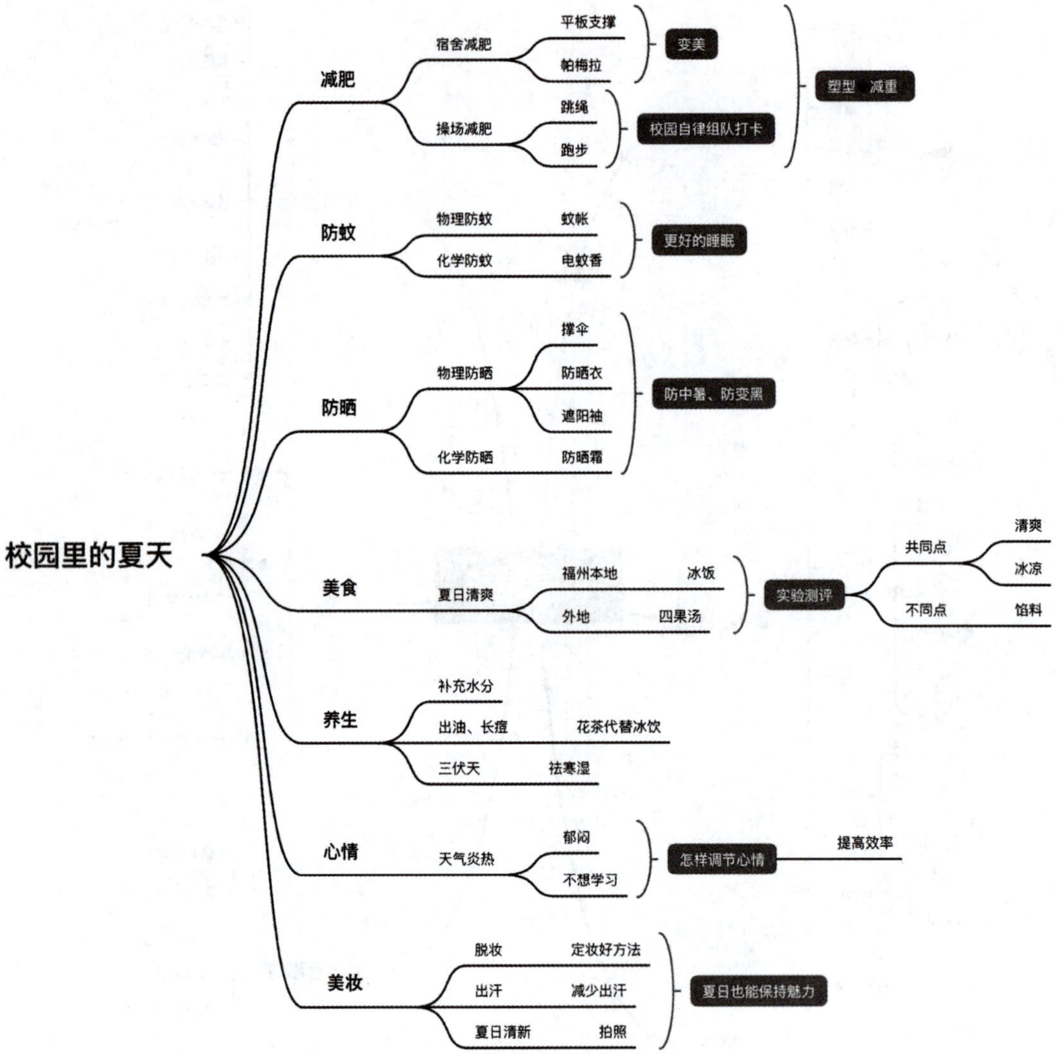

图 7-17 校园夏天思维导图

“我有好点子”：每一期都会有一个点子提出来，然后场外主持人会以个人户外访谈的方式记录今天的点子。户外访谈中包括户外主持人的校园采访、主持人的实验测评及今天点子的注意事项等内容。

（3）节目时长：25 分钟。

（4）节目流程可以根据节目内容和时长的设置来合理地编排节目。要注意每个模块的时间配比，应该有所侧重，把握好节目的节奏。《校园小帮手》节目的流程大致如下：

总片头 20 秒

第一节

主持人开场白 50 秒

“校园帮帮团” 10 分钟

串场 30秒
第一节完
第二节
小片头 5秒
串场 30秒
“我爱美食” 6分钟
串场 25秒
第二节完
第三节
小片头 5秒
串场 25秒
“我有好点子” 5分钟
结束语 30秒
完场字幕 20秒

（5）确立节目风格。节目风格除了由内容决定外，还与节目的包装、主持人的风格分不开。因为是校园服务类节目，所以节目风格上要突出青春与娱乐。这就要求节目在制作与包装时注意以下两点：一是片头片尾的设计，要体现年轻人的朝气蓬勃，节目在剪辑时要适当使用字花、音效等手法进行时尚包装；二是可以设置内外景两种主持人，内景强调青春与朝气，外景强调平民化，实现与受众互动交流零距离。

3. 分配节目人员

根据节目内容、时长以及人力、财力预算合理安排工作人员。一般可以安排两名编导、两名摄像、一名灯光、一名后期、两名主持人（可以请播音专业的学生作为外援）。

4. 制定策划案

基于以上的选题讨论与确定、节目构思，就可以开始按照策划案的格式动手撰写《校园小帮手》的节目策划案，具体如下。

《校园小帮手》节目策划案

一、节目宗旨

服务学生，方便生活。

二、节目名称

《校园小帮手》。

三、节目时长和播出时间

时长：25分钟。

每周五晚上6：25在校园电视台播出，同时推送互联网平台。

四、节目定位

为在校大学生打造的生活服务类节目，力图提供实用而健康的干货，帮助在校大学生轻松愉快地度过大学时光。

五、节目模式

演播室访谈式、纪录片式、情景剧式和户外访谈式四种形式相结合的多元化的节目模式。

六、节目风格

亲和、青春、娱乐。

七、节目内容

“校园帮帮团”“我爱美食”“我有好点子”。

八、节目流程

（以“夏天”为拍摄主题举例）见表 7-1。

表 7-1 节目流程

场号	取景形式、地点	模块名称	内容	音乐 / 配音	时长	备注
1	演播室		播放节目总片头		20 秒	
2	演播室		主持人开场白		50 秒	
3	录播 / 情景剧	“校园帮帮团”	导入今天的“难题”：夏天在宿舍减肥产生很大噪声，如何在宿舍既不影响别人也能快乐减肥？		2 分钟	
4	演播室	“校园帮帮团”	科学实验		5 分钟	
5	演播室	“校园帮帮团”	行业专家连线，科学减肥法		3 分钟	
6	演播室	“校园帮帮团”	主持人串场，第一个环节完		30 秒	
7	演播室	“我爱美食”	第二个环节，小片头		5 秒	
8	演播室	“我爱美食”	主持人串场		30 秒	
9	纪录片	“我爱美食”	纪录片展示，《长乐冰饭》		6 分钟	
10	演播室		主持人串场，第二个环节完		25 秒	
11	演播室		第三个环节，小片头		5 秒	
12	演播室	“我有好点子”	主持人串场		25 秒	

续表

场号	取景形式、地点	模块名称	内容	音乐 / 配音	时长	备注
13	演播室	“我有好点子”	演播室里提出新点子——“防蚊小贴士”		30 秒	
14	户外访谈	“我有好点子”	场外主持人开场		30 秒	
15	户外访谈	“我有好点子”	采访学生的防蚊经验		90 秒	
16	户外访谈	“我有好点子”	主持人测评各种防蚊方法		90 秒	
17	户外访谈	“我有好点子”	总结有效的防蚊措施		60 秒	
18	演播室		结束语		30 秒	
19	演播室		完场字幕		20 秒	

九、节目组人员设置

2 名编导、2 名摄像、1 名灯光、1 名后期、2 名主持人。

十、补充说明

遇上特别节目或者活动时还可以适当增加特辑，例如《两会特辑》《运动会特辑》等。

思考与练习

1. 简述生活服务类节目的特性。
2. 你认为应当如何提升生活服务类节目的创意性？
3. 选择一档你喜欢的生活服务类节目并尝试从节目策划角度分析它的优点。

项目8 校园电视访谈类节目策划

项目导读

电视访谈类节目是一种重要的电视节目类型。访谈类节目一般由主持人和嘉宾参与完成。本项目将通过《校园访谈》节目的策划，让学生从项目的分析与实施中掌握电视访谈类节目的定义、特征分类及节目模式等知识点，从而完成校园电视访谈类节目的策划。

教学目标

- 了解电视访谈类节目
- 掌握校园电视访谈类节目的策划

任务1　确定《校园访谈》的节目模式

任务描述

通过分析电视访谈类节目的定义与特征，阐述电视访谈类节目的分类，从而确定《校园访谈》这档节目的节目模式。

任务要求

了解电视访谈类节目的定义、特征、分类及节目模式。

知识链接

1. 电视访谈类节目的定义

最早的电视访谈类节目可以追溯到20世纪60年代的美国。当时的美国兴起了邀请艺人来参与录制节目的风潮，通过主持人与艺人之间的沟通谈话构成一档节目，从而让观众乐在其中。这样的谈话节目，就是最早的电视访谈类节目。

我国的电视访谈类节目始于1996年中央电视台的《实话实说》。《实话实说》播出后，立即得到了广大电视观众的好评。时至今日，访谈类节目依然是当今电视节目中比较受欢迎的电视节目形式。比较出名的访谈类节目有《艺术人生》《鲁豫有约》《杨澜访谈录》等。

电视访谈类节目可以定义为，以面对面人际传播的方式，通过电视媒介再现或还原日常谈话状态的一种节目形态，通常主持人和嘉宾（有时还有现场观众）在演播现场围绕某个话题或个案展开即兴、双向、平等的交流。它本质上属于大众传播活动。

电视访谈类节目主要是注重针对性和实效性，同时还具有多样性特点，例如新闻事件、新闻人物、社会热点或者普通的百姓家长里短、体育明星、演艺明星的休闲娱乐等，都可以“无话不谈”，因此多样性也是电视访谈类节目的一个特点。

2. 电视访谈类节目的特征

从上面的定义中，我们可以归纳出电视访谈类节目的几个特征，具体如下。

（1）针对性。电视访谈类节目一般都有较强的针对性，把社会上的热点问题、热点事件、社会反响强烈的现象和热点人物作为访谈的主题，由于针对性强，紧扣社会热点，所以容易引起受众的共鸣，这也是电视访谈类节目经久不衰的原因。

（2）实效性。电视访谈类节目除了强调针对性外，也强调实效性。实效性不仅仅只关注当前发生的热点事件、热点现象，还关注当前的热点人物、热点话题等。电视访谈类节目都具有很强的实效性，当下观众最关注什么、最流行什么，就谈什么。

（3）多样性。电视访谈类节目除了具有针对性和实效性外，也具有多样化的特点，以此来增强节目的吸引力。例如新闻信息类的谈话节目有中央卫视的《新闻会客厅》和凤凰卫视的《时事直通车》等；综合娱乐类访谈节目有重庆卫视的《超级访问》和湖南电视台的《天天向上》等；人际关系类谈话节目有湖南电视台的《玫瑰之约》和海南电视台的《男女当婚》；等等。电视访谈类节目在内容和形式上的多样性，满足了不同层次和不同年龄的电视观众的需求。

3. 电视访谈类节目的分类

按节目内容划分可将电视访谈类节目划分为新闻信息类、生活百科访谈类和专题对象类等。

（1）新闻信息类。这类节目是对新闻节目的有力配合，话题覆盖面广、信息量大，新闻事件、新闻人物、社会热点和公共事务等都可以作为谈资。嘉宾多为政府官员、专家学者、媒体工作者和新闻当事人，他们往往能够发布第一手的、准确的信息和富于导向性的见解，满足观众对信息的需求。这类节目的特点是具有权威性、准确性和贴近性。例如，央视四套国际频道的《今日亚洲》和中央七套的《防务新观察》每期邀请军事专家和国际问题专家等权威人士到演播室与主持人一起讨论时下亚洲及国际的热门事件，包括事件发展态势及对国际政治、经济带来的影响，为观众释疑解惑。

（2）生活百科访谈类。这类节目的话题涉及普通百姓生活的方方面面，既有针对中老年人养生类的节目，也有针对年轻人的美妆类节目；既有美食的展示，也有生活小窍门的介绍。这类节目特点是贴近生活、贴近百姓、参与性强，因而深受观众喜爱。如央视的《回家吃饭》和北京电视台的《养生堂》等，这些节目在访谈的同时，加入了主持人和嘉宾的互动，增加了节目的吸引力和趣味性，让观众在轻松的气氛中接受信息。

（3）专题对象类。专题对象类是针对特定的观众群体或某一类社会内容而专门开设的谈话节目。特点是对象性强，话题专一，知识性强，有品位和内涵。常见的专题对象类节目有以下几种：关注经典节目幕后的故事，以经典节目背后的故事为内容，如央视的《中国文艺》；老年谈话节目，以"老有所养、老有所乐、老有所成"等老年话题为内容，如《相约夕阳红》；体育谈话节目，如《五环夜话》；经济谈话节目，如《对话》；法制谈话节目，如南京电视台的《有请当事人》；等等。

任务实施

一、认识电视访谈类节目的节目模式

电视访谈类节目的节目模式是指采用何种形式来呈现节目。电视访谈类节目的节目模式包括聊天式、访谈式、辩论式和综合式。

（1）聊天式谈话。主持人根据话题需要，邀请不同身份和不同职业的嘉宾到演播现场交流。特点是嘉宾代表面广，大家各抒己见，真诚沟通，一般不会形成激烈的言语冲突与思想交锋，适用于讨论大众普遍关注又无重大分歧，经过深入交流、探讨可能达成共识的问题。

（2）访谈式谈话。这类节目类似于人物专访，是主持人与嘉宾之间的交流。嘉宾人数不多，往往是一位，邀请的嘉宾往往是某领域的专家学者、权威或者某事件的当事人，谈论的话题相对严肃，能反映一定的品味和内涵。

（3）辩论式谈话。这类节目谈话各方的观点有重大分歧，在现场展开言语交锋，主持人以客观公允的态度引导他们充分陈述。其特点是紧张、冲突，适用于讨论社会上出现的新事物、新现象及人际关系、民事纠纷等。

（4）综合式谈话。综合式谈话充分利用外景录像、三维动画、片花隔断等丰富的电视手段，吸取文艺、游戏和竞技等其他节目的成分，使谈话节目立体化，增强可视性。特点是活泼、谐趣，适用于讨论轻松的生活和情感问题。

二、确定《校园访谈》的节目模式

访谈类节目都是以"谈"为主，采用什么样的节目模式，主要取决于"谈"的内容，因此，《校园访谈》的节目模式不限定于特定的节目模式，而是根据每一期内容的不同，采用合适的节目模式。

任务2　制定《校园访谈》的节目策划案

任务描述

通过对电视访谈节目策划的学习，系统地完成《校园访谈》的节目策划案。

任务要求

熟练掌握电视访谈类节目的策划流程和重点。

知识链接

一、电视访谈类节目的策划流程

电视访谈类节目的策划流程包括确立选题、基本构思、撰写策划案、实施执行和策划效果反馈。

（1）确立选题。确立选题要找准节目策划的切入点，把握受众的心理，摸准受众需求。选题应当从受众出发，从受众密切相关的生活中去收集服务性和实用性的信息。在大量的信息收集与合理的市场调研后，就可以开始着手选题的确立。

（2）基本构思。构思是指策划人在确定了电视访谈类节目的任务和选题后，在搜集大量信息的基础上，通过自身的创造性思维形成节目的创意思路、结构和框架等。换句话说，就是在这个环节中，要开始着重考虑节目的内容、节目的风格、节目邀请的嘉宾、节目的模式、剪辑手法和节目创意等。

（3）撰写策划方案。策划人员在敲定基本构思后，就会进入具体撰写文案阶段。策划方案是用来指导节目拍摄及后期制作的。策划方案必须涵盖节目制作过程中的方方面面，包括节目形式，参与人员，所需要用到的各类文字、图片及视频素材等。

（4）实施执行。策划案完工后，先报备上级领导批准，并附上预算方案等。等待领导批准通过，就可以开始拍摄与后期制作，策划人员应该及时跟紧现场，给予现场摄制组解释和指导，对有出入的地方及时修正。

（5）策划效果反馈。节目播出后，开展节目总结会，总结会除了节目制作人员参与外，可邀请部分观众代表共同参与，汇总多方面的意见和信息，判断节目是否达到预期效果，找出节目策划中存在的不足之处，为今后的节目策划提供方向。

二、电视访谈类节目的策划重点

电视访谈类节目的策划重点应当表现在选题和策划创意上。

1. 选题

在电视节目竞争激烈的今天，好的选题是节目取胜的关键。在制定电视访谈类选题时应当考虑以下几个因素：一是选题要考虑受众群体；二是选题要讲究实效性；三是选题要讲究舆论导向；四是选题要有创新。

首先，选题要考虑受众群体。在电视访谈类节目中要明确节目受众定位、节目的服务对象，甚至要对受众进行细分，才可以为节目内容的精准定位奠定基础。不同类型的访谈类节目要针对不同的观众群体，开设不同种类、不同性质的节目，做到充分发挥节目为受众提供服务的效能。《校园访谈》这个栏目的主要受众群体是在校学生，栏目的选题要跟学生密切相关，紧扣学生的学习和生活。

其次，选题要讲究实效性。电视访谈类节目要紧扣当下社会热点才能吸引观众，例如国内外时事热点、重要的体育赛事和当红影视明星等。《校园访谈》栏目的选题也要紧扣社会热点和校园热点，弄清楚学生最喜欢什么、最关心什么、想迫切了解什么，只有通过深入广泛的调研，才能准确找到栏目聚焦点。

再次，选题要讲究舆论导向。电视访谈类节目必须要有正确的舆论导向，主持人及嘉宾在谈话过程中，要传达出符合社会主义核心价值观的主流思想，只有舆论导向是正确的，才能真正地将节目做好。

最后，选题要有创新，理应与时俱进。传统的访谈类节目模式都是以嘉宾讲述为主，因此可以在表现手法上进行改变，穿插一些视频节目或者加入一些戏剧化的元素，从而使观众觉得耳目一新，使整个电视访谈类节目变得更加生动有趣。《校园访谈》栏目在表现手法上也要有所创新，针对现在短视频比较流行的特点，栏目的时间可以缩短，控制在十分钟以内，节目更加紧凑，内容更加丰富，这样更加能吸引学生的观看。

2. 策划创意

创意是节目策划程序的核心部分。节目策划的创意主要体现在基本构思的创意上。

首先，内容上应当丰富多样。除了传统的时事新闻类访谈和专题对象类访谈之外，可以增加下科普、天文地理、历史事件和诗词歌赋等内容，让节目内容更加具有张力。

应当多去挖掘受众的深层次需求，拓宽范畴。例如，涉及学生健身知识的访谈节目，除了能请专业的健身教练介绍校园健身项目外，还可以加入健身知识和如何选择健身营养餐等相关知识，这样内容就能更加丰富。

其次，形式上应该多样化。如果电视访谈类节目还是停留在传统的“一问一答”的访谈模式上，观众容易产生审美疲劳。现在很多优秀的电视访谈类节目在表现形式也呈多样化发展。例如养生类节目《养生堂》除了专家讲述养生理念之外，还通过现场演示保健操、演示养生食物的做法等，增加了节目的趣味性。

最后，注重节目的人文关怀。电视访谈类节目遭人诟病的原因是不少节目为吸引眼球而去窥探别人的隐私，使得整个节目低俗化。随着社会的发展，观众的文化层次越来越高，精神需求也越来越高，因此，访谈类节目需要通过朴实无华、贴近生活的话语来拉近与观众的距离，通过语言的魅力来化解矛盾，将视觉放于观众，从观众出发，为观众带来更多积极向上的内容，让观众在观看的过程中感受到温暖。

任务3 《校园访谈》的节目拍摄准备

任务描述

通过对电视访谈类节目的拍摄学习，完成《校园访谈》的节目拍摄方案的准备。

任务要求

熟练掌握电视访谈类节目的拍摄技巧。

知识链接

电视访谈类节目的拍摄准备工作包括被采访者、场地、拍摄设备、声音录制和灯光的准备。

《校园访谈》节目策划简介

一、嘉宾的采访前准备

1. 拍摄前交流

在进行嘉宾拍摄前的准备时，要了解他们是否有参加访谈节目的经验。本期栏目的嘉宾以专家学者、学校领导和学校老师为主。在节目拍摄之前，主持人要跟被采访人进行充分的沟通，让嘉宾了解准备的要点和注意事项，必要时可排练相应内容，直至他们熟练掌握。

节目拍摄一般都会有固定的演播室。在实际访谈开始以前，让主持人和嘉宾有一个短暂的预备性的交谈，摄像师先预备拍摄，通过回看发现拍摄的不足时，及时调整摄像设备参数、设备位置和拍摄角度，摄像师也可以跟主持人和嘉宾进行简单的交流，以营造一个轻松的气氛，消除嘉宾的紧张心理。

2. 嘉宾服装

衣着的好坏可增强或破坏访谈节目提供的信息及人物的形象。对于电视访谈类节目，服装应该是流行的，而且适合访谈节目的要求。服装应该避免过分鲜艳的颜色，花格呢服装、有方格和斜纹图案的服装显得有点滑稽，应选择漂亮的、简洁的大众化服装，或与访谈节目相协调的服装。

如果演播室采用的是纯蓝色或者纯绿色的背景（后期抠像使用），必须提前告知嘉宾避免穿蓝色或者绿色的衣服，以免导致后期抠像失败。

3. 嘉宾发式与形象

如果学校有条件，可以在演播室提供专业化妆服务，方便处理发式与形象。专业人员懂得如何拍摄以使任何肤质看上去令人满意。在演播室进行室内拍摄时，无论嘉宾是女性还是男性，都应该在脸上打些底妆，有助于消除油光。而对于女性，建议口红选择无光泽的款式。即使嘉宾平时不化妆，也尽量建议其在上镜前打些底妆，底妆和口红有助于避免由于强光使容貌看起来“疲惫不堪”或者“满脸油光”。对于发型，没有太刻意的要求，整洁就好，但要突出面部，不要有发丝遮掩。

二、声音录制的准备

声音在拍摄采访节目中极为重要，这就涉及话筒的选择。

1. 话筒类型的选择

（1）手持式话筒。通用手持式话筒相对易于使用，很适合移动的访谈节目以及主持人需要引导谈话（当采访者将话筒指向他们时，嘉宾才能说话）的环境。

（2）领夹话筒。领夹话筒的音质较好。访谈时，每个人都有自己的话筒，话筒始终处于正确的位置，并且不需要的噪声也可被很好地抑制。

（3）吊杆话筒。对于访谈节目，吊杆话筒是非常通用的，既可用于演播室，也可用于移动的环境。其主要的优点是访谈节目参加者不需要悬挂声音装置或为话筒佩戴担心。吊杆话筒通常是猎枪话筒，方向性非常强，容易指向。吊杆话筒操作人员需要和摄影师配合，以保证话筒避开摄像镜头和指向正在拍摄的说话对象。

（4）桌面话筒。一般适用于有主持台的场景，主持人和嘉宾一同坐在主持台的后面，话筒放在桌面，如同会议话筒。这类话筒对话筒的指向性和噪声抑制功能要求较高，这样才能保证良好的录音效果。

（5）机内话筒。如果实在没有话筒可选择时，可以使用摄像机内置话筒，但录音效果会受到环境声、设备声等的影响，一般不建议使用机内话筒。

2. 声音的混合与记录

在演播室录制节目时，在条件允许的情况下，可以增加调音设备，话筒可以直接连接到调音台，通过音响师将声音混合到节目声音中。音响师可以通过头戴式耳机监听声音，并对进入调音台的各路声音加以调整，确保每路声音的大小保持一致，并增加音色调整，使得声音更加动听、效果更好。

三、拍摄场地灯光的准备

拍摄场地的灯光布置也非常重要。如果演播室已经安装有专业的灯光系统，调整起来就相对简单，主持人和嘉宾一般都有固定的位置，只需要根据主持人和嘉宾的体型，适当调整一下灯光的角度，确保主持人和嘉宾的面部光线足够、减少脸部阴影即可。

如果拍摄是在没有安装灯光系统的演播室或者是临时的采访室，则可根据需要进行布光。

在新闻人物采访中，三点布光法是最常见的灯光布置方法，主要包括主光、背景光及辅助光，如图 8-1 所示。

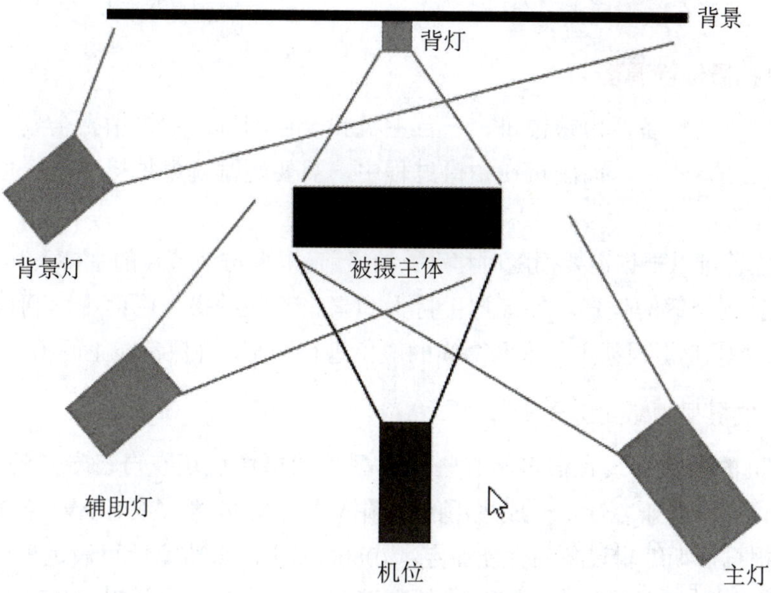

图 8-1 灯光布置图

主光的使用可以起到确定方向和路径等效果，辅助光主要用于照亮主光未照亮的区域，背景光的作用是将嘉宾与背景区分开来。这一方法主要应用于单人采访中，在具体应用的时候，通过主光、背景光及辅助光的合理应用，能够在被采访者面部形成一定的阴影，从而形成明暗的视觉效果，通过视觉上的反差来增强节目效果。当采访人数较多的时候，三点布光法就具有一定的局限性，这时候要对灯光进行适当的调整，可以选择三人圆桌式布光方案。在使用灯光时要注意控制灯光的数量，从而保证节目的呈现效果。在进行主光布置的时候，灯光师要确保主光与摄像机在位置上处于同一方向，且呈现一定的倾斜角度，主光能够集中体现嘉宾的外部形态与表面特征，必须引起足够的重视。辅助光的主要作用是调整昏暗环境的照明，避免画面存在强烈的反差，而背景光主要是用来强调空间层次，背景光的光线不能超过人物的肩部、头部等位置，否则会出现顶光问题。

如果因为节目制作的需要，访谈的场地是在室外，那么就要根据拍摄时的天气状况和拍摄场地的光线情况，准备补光设备。在天气晴好的情况下，室外的光线充足，室外拍摄通常较容易。在非常强烈的阳光下，若在树荫下拍摄，例如在树木下面或靠近建筑物时，光线会产生漫射，可以打反光板。当天气情况不好的时候，室外光线不足，需要准备反光板和补光灯，布光的方法可以参考前面介绍的三点布光法，当然，如果是空阔的场地，可以不用场景光，只需要主光和辅助光即可。室外拍摄时，尤其要做好充分的准备，避免因光线不足而导致拍摄效果不好。

四、摄像设备及人员准备

演播室拍摄基本都有配套的摄像机，拍摄前必须认真做好相关的拍摄准备。拍摄前的摄像设备准备主要有以下几点。

1. 摄像机拍摄位置调整

一般演播室都会配备两台摄像机、一台主机和一台副机，主机拍摄全景画面，在节目拍摄的过程中固定不动，而副机在拍摄过程中，需要随时调整拍摄画面，拍摄主持人和嘉宾的特写镜头。

摄像机的位置可以根据需要而随时移动。拍摄前，根据访谈节目的主持人和嘉宾人数，把主摄像机调整到合适的位置，保证把主持人和嘉宾都能拍摄在画面中。副摄像机在主摄像机的旁边，拍摄时，根据主持人和嘉宾的座位进行调整，确保都能正面拍摄人物面部。

2. 摄像机拍摄视频格式选择

现在摄像机的拍摄格式有很多，有些品牌型号的摄像机还有自己专门的视频格式。考虑到后期编辑软件的兼容性，一般采用的视频格式为 MP4 格式或者 AVI 格式。视频的分辨率和帧频根据后期编辑设备的性能而定，1080P 以上的分辨率即可满足手机或者一般的电视机观看，不一定要追求 2k 或者 4k 的高清分辨率。视频的分辨率越高对后期编辑设备的要求就越高，设备的资金投入也就越大。

3. 摄像机聚焦及白平衡调整

在演播室的室内拍摄中，由于主持人和嘉宾的位置是基本固定的，所以摄像机的聚焦可以采用手动聚焦，这样可以避免自动聚焦功能偶尔出现的跑焦而导致画面模糊。

摄像机的白平衡是一项很重要的调整参数，可以避免拍摄中出现偏色。在固定的演播室室内拍摄时，演播室的灯光基本都是固定的，摄像机的白平衡调整好之后，可以存储起来，方便之后直接调出使用。如果演播室新增加了不同色温的灯具，那么就必须重新调整白平衡。

4. 外出拍摄准备

外出拍摄的时候应准备性能良好的摄像机电池。在任何地点拍摄前都要先判断电池的电量，估计能维持多长的拍摄时间。随身携带充电适配器、长电缆的电源插接板，以便在有交流电可以利用的地方尽可能使用交流电源作为摄像机电源和照明电源。外出拍摄除了对摄像机、三脚架和灯光进行仔细检查外，还要注意以下容易忽略的细节：备用存储卡，应多带几块存储卡，以利于在拍摄素材多或访谈节目以外发现有用素材时使用；白平衡调整卡，用于调整摄像机白平衡，应急时可使用一张白纸或白色泡沫板代替；反光板，可折叠的反光板较好，容易携带，反光效果良好，应急时甚至可以使用汽车挡风玻璃、铝箔板或白色泡沫板作为反光板；滤色镜，用偏振滤色镜可以减小反射光和强光，如拍摄水上或水边的任何东西，滤色镜是必需物，其中的滤波器用以增强拍摄的效果，如增加颜色柔和光；镜头纸，用来除去镜头上的尘埃、灰尘和潮气等，千万不要使用擦面纸等擦拭，这可能严重擦伤镜头；笔和记录本，用于记录每一个镜头的位置和时间，便于编辑时快速找到特定镜头；电工胶带，电工胶带可用来固定电缆，防止人们绊倒设备，或用于电源线的包扎，以防漏电；夹子，普通固定夹子可用来将反光板固定到三脚架上，或将滤色片固定到灯光的前面等；外拍电池组及外拍灯，电池组包括变压器，提供 220V 的电压，可以为外拍灯和摄像机供电。

五、任务实施

《校园访谈》节目拍摄介绍

《校园访谈》电视访谈类节目策划案如下。

一、背景分析

大学生在学习和生活中总会遇到各种各样的问题，却因为各样的原因无法向别人寻求帮助。为了帮助大学生解决问题，答疑解惑，决定开设一类访谈类节目，邀请各专业的专家学者，把大学生的困惑通过访谈的形式提出，并由专家学者进行解答。

二、节目名称

《校园访谈》。

三、节目时长

20 分钟。

四、节目宗旨

服务学生，答疑解惑。

五、节目定位

面向在校大学生的一档访谈类节目，关注大学生学习生活。

六、节目模式

聊天式、访谈式、辩论式、综合式。

七、节目流程

（1）节目模式：访谈式 + 情景再现。

（2）片头，播放预先设计制作完成的栏目片头。

（3）播放情景剧。

剧情:准备期末考试了，一名学生晚上睡不着，辗转反侧，烦躁不安，甚至用头撞墙；一名学生看着同学们在热烈地讨论问题，想加入却又不敢向前;一名女学生跟男朋友吵架，回到宿舍后，哭泣不止，用刀不停地往自己的胳膊上划刀。

（4）主持人演播室介绍。

主持人：大家好，欢迎收看新的一期《校园访谈》，我是 ×××，今天来到现场的是我们的心理顾问 ×××。

嘉宾：大家好，我是 ×××，很高兴来到这个节目。

主持人：现代生活节奏越来越快，学习压力大，不少大学生存在一定的心理问题而不自知，久而久之，就会演变成严重的心理疾病。如何防范常见的心理疾病成为需要我们重点关注的问题，今天我们有请著名的心理专家 ××× 教授，为我们解答。

嘉宾：同学们，大家好。现代大学生的生活和学习压力大，当这些压力无法有效释放时，就容易产生一些心理问题。常见的心理问题包括考试综合症、严格管束引发的反抗性焦虑症、恐惧症、学习逃避症、癔症、强迫性神经症、恋爱挫折综合征、大学生常见的心理障碍和网络综合症等。

主持人：××× 教授，有些同学认为自己以往都没有心理疾病，是不是自己就不会得心理疾病呢？

嘉宾：不是的。（专业讲解，并切入科普的介绍）

主持人：那如果同学们发现自己有心理疾病，应该如何治疗呢？

嘉宾：按照自身心理疾病的症状和严重程度……（专业讲解）

主持人：那如果我们发现身边的同学疑似有心理疾病，我们应该怎么做呢？

嘉宾：如果发现身边的同学疑似有心理疾病，我们首先……（专业讲解）

主持人：我们应该如何避免患上心理疾病呢？

嘉宾：要避免患上心理疾病，同学们首先要……（专业讲解，可插入科普视频）

主持人：感谢 ××× 教授为我们解答。同学们，在紧张学习的同时，可别忘记给自己降降压，放松放松，劳逸结合才能事半功倍。

（5）片花，结束字幕。

六、后期编辑

《校园访谈》节目后期编辑介绍

后期编辑常用的编辑软件有 PR、edius 和 AE 等。电视访谈类节目除了在内容上吸引观众的注意外，在后期编辑的方式方法上，也要有所创新，积极改进相关的编辑手段，才能吸引更多电视观众观看。因此，作为栏目的编导，也需要不断发掘更有价值的电视新闻编辑素材。

另外还要特别注意，在对电视访谈类节目进行字体后期制作的时候，可以在文字上进行设计，从而达到吸引观众关注栏目的目的。可以考虑选择更加富有电视画面感的字体图片，运用在后期编辑制作中，这种简单的字体图片设计能够取得事半功倍的视觉效果。后期图像编辑工作人员在进行后期图像编辑工作的时候，可以从两个大方面下手：第一个就是标题，第二个就是电视色彩。一个好的标题能够瞬间吸引受众的关注度，栏目的标题既要清楚明了，又要能够突出整个栏目的核心主题；在颜色选择方面，要尽量选择能够让观众视觉感到舒服的画面颜色，以带给观众好的视觉体验。在后期视觉效果设计方面，可以尽量选用简单的电视转场背景特效，将视频素材和访谈画面很好地连接起来，让观众在直接观看视频素材的过程中迅速被视频的内容所吸引，然后带着疑问去观看后面的访谈。这样的后期视觉效果同样可以大大提高整个栏目后期播放的质量。

栏目编辑的最后，最好通过达芬奇等调色软件对节目的画面进行调色，通过调色把节目的色调调整得更加贴切和符合主题。

七、节目组人员设置

导演一名、节目组编导两名、主持人两名（一男一女）、摄影师三名以上、灯光师两名、后期剪辑两名、节目组后勤三名。

思考与练习

你觉得做一份校园访谈类节目策划的难点是什么？

模块三

电视节目（栏目）制作

项目9 电视节目（栏目）技术制作

项目导读

本项目主要是对电视节目（栏目）的技术制作进行讲解，包括电视节目（栏目）的拍摄技巧与编辑技巧，这两者都是提高电视质量的重要因素。

教学目标

- 掌握电视节目（栏目）的拍摄技巧
- 掌握电视节目（栏目）的编辑技巧

任务1 掌握电视节目（栏目）的摄像技巧

任务描述

通过对电视摄像的画面构图技巧、操作阐述深入到电视画面不同场景的分类及画面表意功能，让同学们了解和掌握电视摄像的要领及方法，并能在实际情况中运用自如。

任务要求

- 了解电视摄像画面构图技巧。
- 掌握电视摄像要领。
- 掌握电视画面表意如何通过摄像表达的方法。

知识链接

画面的构图基础

1. 画面的构图基础

画面构图就是画面的结构和布局，即如何在电视的屏幕上布局所表现的大千世界，通过在电视屏幕上的画面来形象，生动、有力地表现作品的主题思想和美感效果，把生活中一段的、个别的、局部的形象组成一个艺术整体，传达某种思想与感情。这就是画面构图的基本任务。观众通过电视屏幕上的画面这一“窗口”获取信息，了解时事、社会与生活，从而得到某种启迪。

电视画面形象虽然来自于现实生活，来自于自然景物，但绝不是简单地记录生活、表现景物，而是一种创作。任何艺术都有其创作的基本规律，画面构图也不例外。这里所讲的就是如何将具有三维空间的物体形象再现到画面上，使所要表现的对象有主、有次、有关联地结合成一个整体，从而完成画面的基本组构。

（1）构成一幅画面的因素。一幅画面的组成有主要对象、次要对象和环境背景；根据对象所处的空间位置可分为前景和后景等。这样构成一幅画面的因素主要有主体、陪体、环境、前景、背景和空白等。

1）主体。主体是拍摄时的主要对象。它可以是一个人或某一物体，也可以是一群人或一组对象。它是构图的主要构成成分。主体一般应具备两个条件：第一，它是画面所表现的内容的主要体现者；第二，它是画面结构的中心。说它是内容的主要体现者是因为它是事物的主要构成成分，具有集中人们的思想、使人们领悟事物内容的作用。如果没有主体，就像人们谈话没有中心思想一样，不知所云，令人感到索然无味。说它是画面结构的中心，是因为它是画面结构的依据，并有集中观赏者视线的作用。

如何安排主体并把它放在一个确切的位置上是没有固定的格式的。主题思想不同，要求也不同；构思立意不同，主体的安排也不同，但只要达到最终目的——主题思想的完美表达，便是理想的安排主体的形式。

主体的位置安排方式主要有以下几种：

- 垂直线三等份（图 9-1）即用两条垂直线把画面分成三等份，而把主体放置在其中一条垂直线或接近垂直线的位置上。
- “井”字（黄金分割）构图法（图 9-2）。即将画面分成九个等份，如在画面中两条平行线和两条垂直线相交处的任意一点上放置主体，视觉感受最佳。

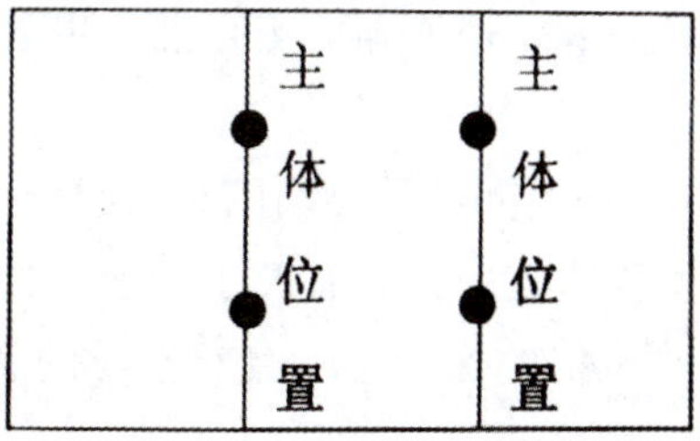

图 9-1

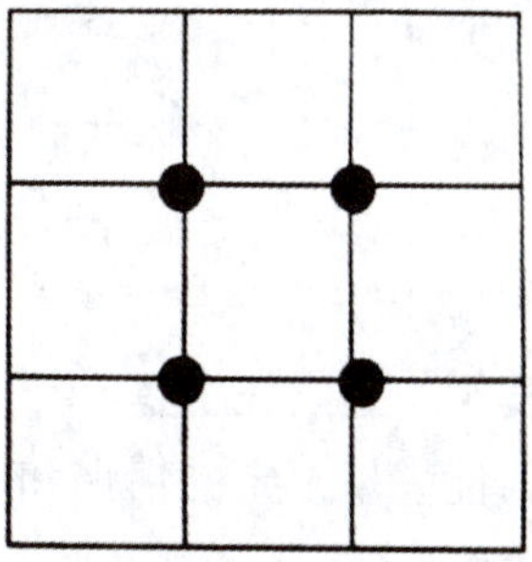
图 9-2

- 交叉点构图法（图 9-3）。即把主体放置在画面线条的会聚点上，通过线条与环境引出或烘托主体。
- “V”形线构图法（图 9-4）。即将主体放在画面中“V”字形线的最低点。

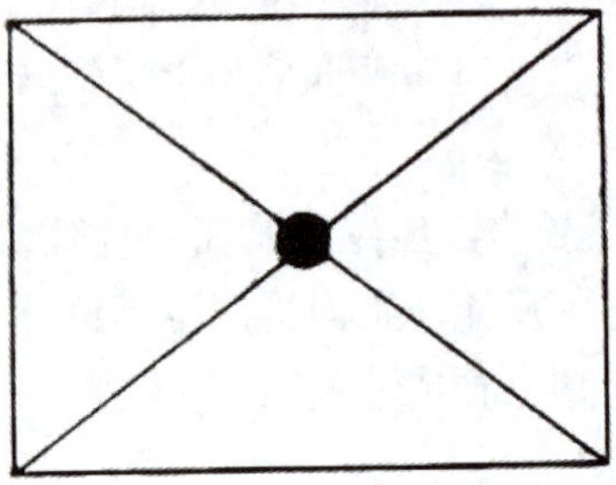

图 9-3

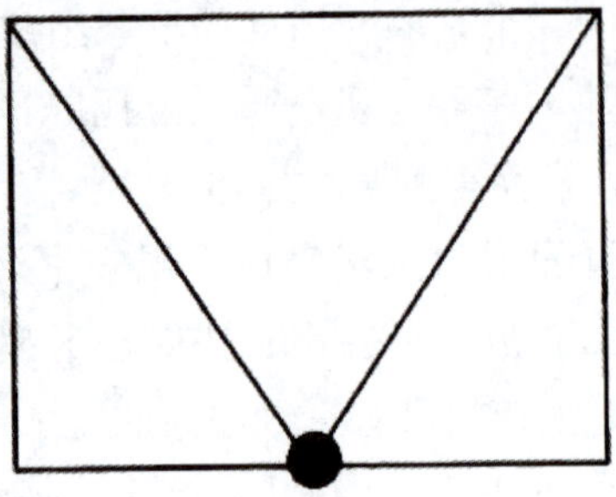

图 9-4

● “S”形线构图法（图 9-5）。即将主体放置在画面“S”形线条的某一点上。

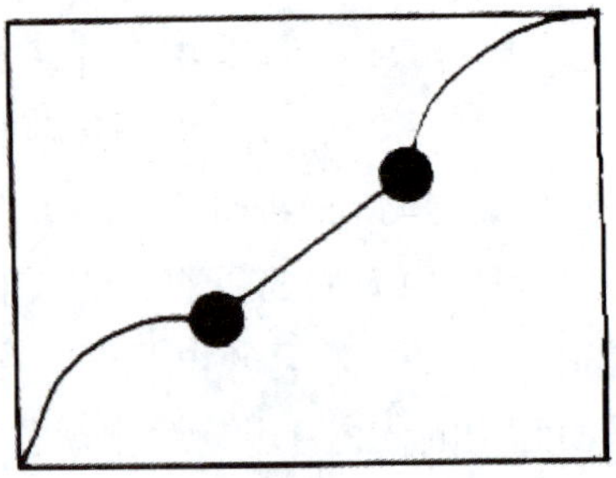

图 9-5

画面中，主体是否突出主要由对象本身的线条和造型形式来决定。在技术上，可利用主体大小、光影、色彩、拍摄角度等方法突出主体。

2）陪体。陪体是与主体有紧密联系的对象，是画面中陪衬主体的景物或人物，是帮助主体揭示内容的成分，在构图中有均衡画面、美化画面和渲染气氛的作用。在构图中，人与人之间、人与物之间都存在主、次的关系。在面面中作为陪体的对象处在与主体相应的次要位置上，与主体相呼应，但又不分散观众的注意力。陪体的处理要注意不能喧宾夺主，陪体随主体的变化而变化。陪体处理的好坏会影响到主题思想的表达和作品的艺术感染力。

陪体的作用：一是与主体共同完成表现主题的任务；二是使画面更自然、生动、富有生活气息；三是使画面更富有形式美感。

3）环境。环境是主体周围的景色——人物、景物和空间，是画面的重要组成因素。环境在画面构图中是烘托主体，帮助叙事、表情、表意的成分。它有助于表现人物性格及精神面貌，能表现一定的情调和气氛。环境在纪实风格的作品中，具有真实的意义；在表现风格的作品中，具有表现作者思想感情的作用。

4）前景。前景一般是指在主体前方最靠近镜头的景物。前景有可能是主体、陪体或环境。前景从形式上看，其特点是有明显前突的感觉。前景作为画面的构成成分，在画面中没有固定的样式和构图的需要，它可以任何形式处在画面前像的四边、四角上，可以是框形，还可以遍布画面；前景可以是实像，也可以是虚像。

前景的作用：一是可以直接说明主题；二是帮助画面构图。它能形成多景次，有助于表现空间；能帮助平衡画面，起到装饰效果，具有美化环境的作用。

5）背景。背景是画面中主体后面的景物。不同的环境可构成不同的背景。背景可以是人物、建筑、森林、山峦、大地和天空等。静物的背景有时就是衬底，如一面墙、一个台面或一块布幔。在生活场景中，背景的变化是丰富多样的。

在背景的处理中，应注意主体与背景的关系，背景应使主体能从中分离出来。为此，需要注意主体与背景的明暗、色彩、动静和虚实等关系，以便相应形成对比，使主体的形象鲜明突出。

6）空白。空白并不是单纯指白色，而是在整个画面中留出一些空间。它的主要作用有以下几点：一是有利于画面的简洁；二是突出主体；三是给观众留下很大的想象空间，有意境美。

（2）画面的均衡。画面的均衡是指经过艺术处理的画面构图所具有的那种稳定、完整和和谐的感觉。画面的均衡既来自画面形象（不同的景物、景调、色块及动静状态）给人的视觉感受，也来自人的视线在画面各因素之间的运动，是包括客体刺激及主次感受的整体。画面的均衡有一种庄重、协调、稳定和整体的美。

画面的均衡一是从视觉形象上给予观众直观的、外在的均衡感；二是在均衡中求变化，充分调动观众的视线进行运动，利用人们的心理特点来达到画面的均衡。

采用完整的、和谐均衡的构图是一种封闭式的构图形式。画面信息的传达依靠画内所有的形象。而另一种非均衡的构图即开放式构图，把视觉中心处理在画面之外，画内空间形象与画外空间形象相沟通、相联系，形成一个画面的整体空间。

（3）画面的影调、线条及色调。

1）影调。影调就是在画面中的一系列不同等级的黑、白、灰的表现。它是构成摄影可视形象的基本要素，也是处理造型、构图及烘托气氛、表达情感的重要手段。

画面影调的类型有硬调、软调、中间调、高调和低调。

- 硬调的特点：两个相邻影调之间反差大、明暗对比强烈。硬调给人以明快、粗犷的感觉，但质感不好。
- 软调的特点：画面主要由黑白之间的过渡层次组成，在画面中只有较少的黑白影调，明暗对比弱，反差小，给人以柔和、细腻和含蓄的感觉。软调对影像的细部层次、质感表现较好，但对景物形体的大结构表现无力。
- 中间调的特点：没有硬调的明暗对比那么强，也没有软调的明暗反差那么小，影调的明暗对比、反差适中。中间调的画面浓淡相间，配置适当，对景物的主体形态与细部层次、质感都有较好的表现。
- 高调的特点：大量运用白和灰色影调，只有很少部分的暗影调，给人以轻松、明快和纯洁的感觉。
- 低调的特点：大量利用黑、灰的影调，只有少许亮影调，给人以肃穆、凝重和神秘的感觉。

2）线条。线条是画面构成的又一重要因素。它在画面中构图、造型等方面都表现出极其重要的作用。我们观看任何一幅画面都能看到影像的形式，不同的像是由不同的形状显现出来的，形状的轮廓线就是线的形式。轮廓线在画面中是区别不同形象的基本条件。没有轮廓线，像就不存在了。

人们在长期的思考和实践中，将线与一定事物相对应，赋予线形一定的意义，如直线表示坚强、有力、稳定、舒展；曲线表示流动、顺畅、优雅、柔和；折线表示波动、紧张、不安定；垂直线表示挺拔、严肃、庄重、希望；斜线表示运动、兴奋、不稳定。

从以上叙述中，我们可以看到线基本上有两种作用：一是线有表现形状的作用；二是线具有表意的作用。在表现形状时，要轮廓线清楚，否则就失去了形的意义；在表意方面，要根据创作意图，恰当运用线的形式，更好地表现主题。

3）色调。

- 色调分类。色调可分为相邻色调、对比色调、暖色调和冷色调。
  - 相邻色调。相邻色调由色环中彼此相邻的两种色彩构成的。当画面运用黄色和绿色或者红色和紫色等相邻色时，其色彩的变化平和，能在一定程度上实现画面颜色的均匀过渡，给人一种稳定、协调的感觉。符合某种情绪、意境和环境气氛的色调能带给观者视觉上的感染力。
  - 对比色调。对比色调是由色环中夹角在 150° 和 180° 之间的两种颜色相互搭配所形成的。在画面中运用互补色进行搭配时，强烈的色彩反差会带来明显的色彩对比效果，使主题更加明确，画面更具吸引力。但需要注意的是，运用对比色调时要把握好色彩在画面中所占的比例，避免画面产生过于突兀及明艳的效果。
  - 暖色调。红色、黄色、橙色等被称为暖色，若画面大部分由暖色形成，整体颜色将偏向红色，此时画面所呈现出的基调为暖色调。暖色调能够给人温暖、奔放的感觉。
  - 冷色调。冷色是指蓝色、绿色为主的基调。冷色调给人一种忧郁、安静、平和、寒冷的感觉，通常出现在表现凄凉、怀旧、宁静主题的作品中。
- 色调运用注意事项。
  - 对色调概念的重视和熟练运用有利于增强摄影画面的感染力，形成独具个性的艺术风格。对于摄影师的成长来说，重视对色调的研究是走向成熟的捷径。
  - 同类色或者低饱和度颜色的搭配更安全，能够把高纯度颜色搭配漂亮的都是高手。
  - 组照的画面要统一色调。
  - 色调的运用要有根据，凡事一定要思考，要有充分的理由。
  - 如果对于色彩的理论知识还没有深入理解，可以先从模仿开始。有时候不是懂了才会做，而是做着做着就懂了。

总之，色彩对人们的心理活动有重要影响，特别是与情绪有非常密切的关系。

2. 电视摄像光与色的造型

电视摄像光与色的造型

（1）电视摄像的光造型。在电视摄像中，光线投射到被摄取体上，与镜头光轴形成的一定角度叫作照明角度。照明角度分为两部分，处于水平变化的照明角度称为光线方向，处于垂直变化的照明角度称为光线高度。准确地把握不同角度光线的特征能更好地运用光线去塑造形象。

1）光线方向。光线从其投射方向上分，可分为顺光、斜侧光、侧光、侧逆光和逆光五种。这五种光线有着不同的造型作用，如图 9-6 所示。

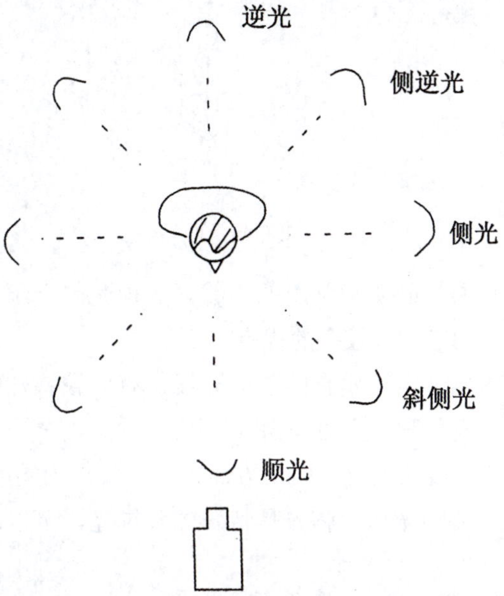

图 9-6　不同方向的光线

- 顺光。顺光是从正面投射到人物的光线。顺光的特点是人物正面比较均匀地受光，脸上基本没有背光面和阴影，皮肤质感比较柔和。顺光的不足是立体特征、透视感的表现较弱，光线层次较为平坦。
- 斜侧光。斜侧光又称侧顺光、前侧光。斜侧光可以使人物面部产生较大的受光面、较小的背光面及明显的投影，可以很好地塑造人物的立体形态，较好地表现人物面部质感。
- 侧光。侧光对人物面部的立体感、质感都能逼真地再现。侧光往往对人物面部形成半明半暗的效果。直射的侧光使人物面部成为“阴阳”脸，一般较少使用。
- 侧逆光。侧逆光使人物面部产生明显的轮廓线，立体形态非常鲜明，使人物与陪体、背景的亮度间距加大，光线层次比较丰富。
- 逆光。逆光可以显示出人物的整个轮廓，又称轮廓光。处于逆光中的主体人物正面是背光面，人物成为剪影或半剪影，与整个环境构成明显的明暗反差。逆光拍摄具有特殊的艺术效果。

2）光线的高度。光线从投射角度分，除了顺光、逆光以外，可分为顺顶光、顶光、逆顶光、前脚光和后脚光，如图 9-7 所示。

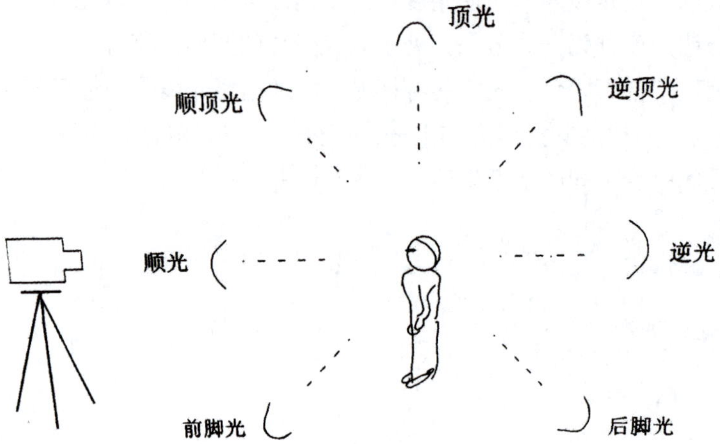

图 9-7　不同高度的光线

- 顺顶光。顺顶光是人物照明最常用的光线。顺顶光的光源在人物的正面或斜侧面偏高一些，对于人物造型有较多的优点。
- 顶光。顶光是从人物方向下垂直照射的光线，有比较特殊的造型效果，可以表现夏季酷热的效果，或在丑化反面人物时使用。
- 逆顶光。逆顶光的光线从人物后面上方而来，一般作为构成人物的轮廓光线来用。
- 前脚光和后脚光。前脚光和后脚光是特殊的装饰光，可以使人物形象产生畸变的特殊效果。

（2）电视摄像色彩的造型。色彩的存在使世界多姿多彩，也使摄影有了重要的表现手段。色彩的自然属性是物质结构对不同波长的光线选择吸收反射所形成的。它表现出不同色别（色相）、饱和度（纯度）和明度的特征。色别指的是不同的颜色，如红、橙、黄、绿等。饱和度指的是色彩中所包含的消色成分的多少，包含的消色成分多，饱和度低；包含的消色成分少，饱和度高，色彩就鲜艳。明度指的是该色彩的反光率大小，反光率大则明度高；反光率小则明度低。色彩不同，明度不同。以光谱色为例，黄色最亮，依次是橙、青、红、绿、蓝、紫。

1）影响色彩的因素。一般来说，不同的物质结构的物体都有本身的色彩表现，通常称之为物体的固有色。但色彩也会受到照明条件、天气、白天、黑夜、季节等的影响。人们对色彩的感觉与心理、生理条件也有一定的关系，同时还受环境的影响。在一定色彩背景上的色，对人们观察色彩也有一定的影响。例如，黄色物体在绿色背景上，就带有橙色；灰色物体在绿色背景上带品红色，在红色背景上带青色，在蓝色背景上带黄色。

2）色彩相关的性质。人类在长期的生活过程中，往往将色彩与一定的事物相联系，形成了一定的心理定势，赋予了色彩一些相关的性质。如将太阳和火相联系，感觉色彩有冷暖的性质，将偏于红色的称作暖色，偏于蓝色的称作冷色；如铁等金属物质颜色深看起来很沉重，而棉花、白云颜色浅白看起来很轻漂，所以色彩又有轻重的性质，即暗色感觉重，亮色感觉轻；此外，还赋予了色彩以情感的性质，通常人们感到色彩有如下的表情性。

橙色：有热情、温暖的性格，又有光明、活泼的性格。

黄色：有明快、壮丽、辉煌、活泼的性格。

绿色：有和平、宁静、理想、希望、生命活力的性格；

青色：有高洁、沉静、安宁的性格。

蓝色：有冷淡、理智、无限、平静的性格。

紫色：有神秘、忧郁、消极的性格，另有高贵、幽雅的性格。

黑色：有黑暗、阴郁、恐怖的性格，另有安静、庄重的性格。

灰色：有安静、柔和、质朴、抒情的性格。

白色：有明亮、坦率、纯洁、爽朗的性格。

3）三原色、互补色。三原色指红（R）、绿（G）、蓝（B）三种颜色。自然界中任何一种颜色都可以通过这三种色彩按一定的比例混合得到。

互补色指两种色彩等量混合得到白色，这两种色彩就是互补色。如红与青、绿与黑、蓝与黄等。

（3）画面景别。在摄影及电视摄像中，用不同的视距拍摄得到的画面所包含的景物范围不同。按所包含的不同景物范围可分为不同的景别，即远景、全景、中景、近景及特写等。

1）远景。远景画面包含的景物范围广，是远距离拍摄的结果。它能提供宽阔的视野和广大的空间，具有较为雄伟的气势，如拍摄江河、山川等自然风景多为远景。远景的构图注重整体的大块面的影调、色彩与线形的结构，画面以表现景色的气势为主。远景画面所看到的景物细节不清。

2）全景。相对于远景画面景物范围要小一些。通常以能表现人的全身的画面为全景。凡是在有限远的环境中（如会场、居室、一个生活场景），能表现其全貌的都可称为全景。它是以完整地包容某一事物或某一具体对象，并有适当空间环境的画面。它的特点是事物或具体对象形象、环境能得到充分的体现。全景展现了特定环境中的某具体对象或事物的特色，说明了对象或事物与环境的关系。

3）中景。相对于全景来说，它是只包容某一事物或具体对象的局部范围的画面。通常以表现人物膝盖以上的相貌的画面为中景。中景在有限的环境中（如会场或以某一具体对象的主要部分为中心），环境范围较小，有时完全没有了环境。在人物场面中，中景主要是表现人物的姿态、手势、表情和人物间的感情交流等。

4）近景。近景比中景的画面范围小，通常以表现人体胸部以上的相貌的画面为近景。近景在有限定的环境中，是景物的一个局部，如室内带有一定环境的摆设物的画面。它是有如观众或摄影者面对人物观看或面对人物讲话时所能看到的一定范围的景象。近景能真切地表现物体的细部，表现人物的面貌与表情。在摄影中近景多偏指人像构图。

5）特写。特写是较之近景的画面范围更小的构图。通常以表现人物肩部以上相貌的画面为特写。实际上，用常规手段在最近距离上所看到的景物范围都属于特写的范畴。特写除用以表现人物相貌之外，多用于小件物品的摄影构图。许多静物画面都可以归为特写之列。特写也常用于表现人的表情或某一局部的细部。

（4）拍摄角度。拍摄角度是以被摄对象为中心，在同一水平上围绕被摄对象四周选择拍摄机位。在拍摄距离和拍摄高度不变的条件下，不同的拍摄方向可展现被摄对象不同侧面的形象，以及主体与陪体、主体与环境的不同组合关系的变化。

拍摄方向通常分为如下几种：正面角度、斜侧角度、侧面角度、反侧面角度、和背面角度五种，如图 9-8 所示。

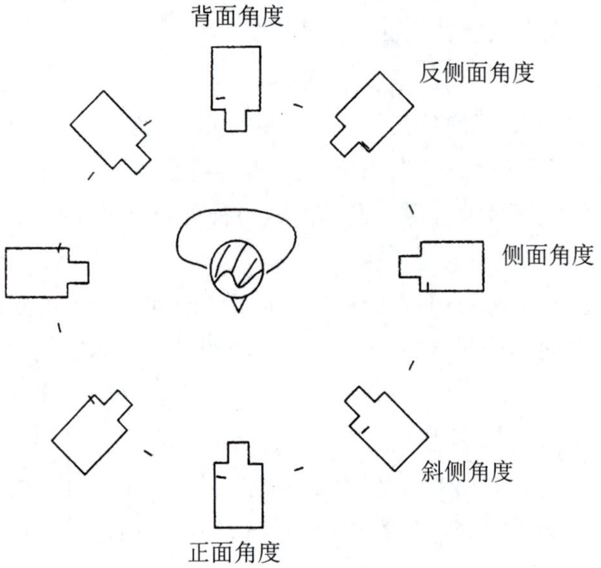

图 9-8　拍摄方向各角度

1）正面角度。正面角度是指与被摄对象正面成垂直角度的拍摄位置，主要表现某些对象的正面具有典型性的形象。正面角度能够表现对象的本色，人物相貌就是一个很好的例子，正面形象更具有人物相貌的特点。正面角度的构图的主要表现对象多处在画面的垂直中心及分割线上，常是对称结构的形式。正面的构图形象比较端庄、稳重。

2）斜侧角度。斜侧角度是指偏离正面角度，或左、或右环绕对象移动到侧面角度之间的拍摄位置。斜侧角度能较好地利用透视关系拍摄人物的斜侧面。人物的斜侧面像、线条和轮廓分明，有较强的透视感、立体感，而且构图自然活泼。

3）侧面角度。侧面角度的摄像机镜头方向与主体人物的视线大约成 90° 角，勾勒出人物侧面鲜明的轮廓线。侧面角度构图有利于表现人物或物体的动势。另外，侧面角度还有利于表现双方的交流，如两个人物的侧面对话、从两个方向相对驶来汽车的相撞等。

4）反侧面角度。反侧面角度是摄像机由侧面角度环绕被摄对象向背面角度移动的拍摄位置。它具有反常的意识，往往能将对象的一种特有的精神表现出来。它不直接表现人物的表情，而是通过人物的动势表现人物的内心活动。这个角度的构图给观众较丰富的想象。

5）背面角度。背面角度是指正对对象背面的拍摄位置。画面主体是人物的背面像，产生一种含蓄、欲扬先抑的效果，往往会制造悬念，引导观众的联想与思考。用背面角度去跟踪拍摄正在向画面深处运动的人物，可以较好地表现人物的动势和空间的纵深感，又能给观众以较强的参与意识，使人有身临其境之感。

（5）拍摄高度。拍摄高度是指摄像机处于不同的高度来拍摄人物和景物。根据摄像机所处的相对被摄体的不同角度，拍摄高度分为平拍、俯拍和仰拍三种。

1）平拍。摄像机镜头和被摄主体高度大致相当时，称为平拍，也称平角度。平拍相当于观众正常地平视某一人物或物体，这是使用最多的一种正常的客观叙事性角度。平拍的画面给人的感觉是自然流畅、客观、冷静地再现生活。

2）俯拍。镜头明显高于被摄主体方向下拍摄时，称为俯拍，也称俯角度。俯拍相当于观众从高处向低处俯视的效果。用俯拍手法拍摄人物，一般是借助于低处的人物所处的环境来表现人物的孤独、寂寞、压抑和凄惨等心理状态，或用来表现作者对画面中人物的蔑视、贬低的主观情绪，这是一种情绪性角度。俯拍还可展现空间、气势，充分展现壮丽的山河，给观众一个新的开阔视野。

3）仰拍。仰拍就是摄像机镜头明显低于被摄体向上的拍摄，也称仰角度。仰拍相当于观众从低处往高处仰视的效果，是一种有较强主观色彩的情绪性角度。摄像机从地面向上拍摄，会使人物或物体显得更加高大。采用大仰角时，往往要用广角镜头。机位靠近主体跟前向上仰拍，能使物体下端扩大，上端缩小，造成强烈的空间透视感。用仰拍表现人物，会使人物产生崇高、威严和令人敬仰的特征。用仰拍表现景物，能够夸张地渲染景物的高大气势，引导观众情绪的振奋。

摄像角度的新颖与否，对于构图质量具有重要的作用。每一位摄像师都不应局限于四平八稳的摄像角度；要面对每一个人物、每一个环境，去大胆地发掘最佳的摄像角度，特别是要善于运用俯拍、仰拍、背面角度和反侧面角度这些能够充分地体现摄像机主观感情色彩的情绪性角度，去展示被拍摄人物的内心世界和被摄景物内部蕴含的深层次的思想意义，从而增强电视作品的感染力。

任务实施

一、掌握电视摄像的运动造型

1. 电视摄像机的种类及附件

（1）手持固定拍摄。目前，摄像机种类繁多，有广播、专业级的大型机，有家用级的小型机。就其体积重量而言，一般家用级的小型机的体积小、重量轻，适用于手持拍摄，而不适用于肩扛拍摄。手持拍摄时，要注意双手持机的姿势、呼吸的配合并借助支撑物来稳定摄像机等。

几种典型的手持姿势如下：

- 站式，两肘内压。
- 坐式，两腿支撑稳定。
- 跪式，找准平衡。
- 各种灵活方式，善于发现和利用各种环境进行支撑稳定拍摄。

（2）肩扛拍摄。广播、专业级大型机一般体积较大、重量较重，适用于肩扛拍摄。摄像机一般设计为右肩操作。固定拍摄时，除了要注意右肩的扛机姿势和右手持机的姿势外，也要注意腰部姿势，同时还要注意控制呼吸配合。运动拍摄时，除了固定拍摄的基本功外，腰部的转动和双脚的迈步姿势也是不可忽视的技能。

（3）摄像稳定器械。无论是专业机还是家用机，无论是固定拍摄还是运动拍摄．都适宜采用专门器械来保持摄像机的稳定。电视摄像的稳定器械主要有三脚架、独脚架、导轨和各类托架。

2. 掌握电视摄像要领

为了保证电视画面的效果和便于后期剪辑时镜头的组接，要求摄像人员在拍摄时，必须按照拍摄操作的四个基本要领：平、稳，准、匀来进行。

（1）平。所谓“平”是指无论拍摄的是静止或是运动的画面，所拍的画面必须尽可能地保持水平。在室外拍摄时可以地平线为依据；在室内拍摄时则可参照地角线和桌椅板凳边线，通过寻像器调整所摄画面的水平线，这是电视画面正常拍摄的基本要求。

（2）稳。所谓“稳”是要求摄像机在摄取镜头时应该平稳，尽量消除任何不必要的晃动。在拍摄静物画面或者用长焦距镜头拍摄特写画面以及拍摄近景人物讲话等时最好把摄像机架在三脚架上，以保持所摄镜头的稳定性。如果拍摄者只能徒手持机拍摄，则要尽量利用桌椅、墙壁等可以依托的物体。

（3）准。所谓“准”主要包括以下几方面的含义。

1）推、拉、摇、移、跟的运动拍摄的主体，聚焦要清晰，这就要求拍摄调整焦距快速、准确。拍摄中，多运用广角镜头过渡，然后再目测被摄对象的距离调整焦距。

2）在推、拉、摇、移、跟的运动拍摄中，起、落幅画面都要准。起幅时能准确地表现拍摄场景内的主体和环境特点，表现主体与环境的关系。落幅时能让观看者看清画面内场景所处的地理位置、面貌特征和主体状态。

3）镜头的拍摄长度要准。每一个镜头的拍摄长度是根据电视节目的内容需要及画面的景别大小来决定的。一般来说，每个镜头的有效长度不会少于 8 秒，如果是远景、全景画面的拍摄，镜头长度要超过 12 秒；中景画面的拍摄，镜头长度要超过 10 秒；近景、特写画面的拍摄，镜头长度要超过 8 秒。另外，在实际拍摄时，还要考虑到后期编辑，一般来说，开始镜头的余量要多留 5 秒以上（用于电子编辑），结尾时的镜头余量不能少于 2 秒。

拍摄每一镜头时，开机都要提前 3 ～ 5 秒，至少拍摄 8 秒有效长度的画面后，再推迟 2 ～ 4 秒关机。

此外，在一个镜头的起幅、运动、落幅三部分的时间安排上，需要考虑到所拍摄的素材镜头要为后期编辑留有足够的选择余地。因此，起幅画面要留足3秒后镜头才开始运动，再加上提前3秒开机，每一个镜头的起幅画面要拍6～8秒，落幅画面也要在运动镜头停止后再留3～4秒。总之，必须牢记一点，拍摄每一个镜头“宁长勿短”。

（4）匀。所谓“匀”，是指运动拍摄时的速度和节奏要均匀合拍。用电动变焦时，镜头的推拉速度容易控制；用手动变焦则要反复练习，用力要均匀。在运动拍摄时，要注意摄像机镜头的移动速度不能太快，否则会使电视画面模糊。当然，摇摄速度太慢视觉感觉也会不舒服。一般情况下，镜头在起幅和落幅时的速度应该慢一些，中间的运动状态变速要均匀。用三脚架摇摄时，云台要有良好的阻尼特性，便于均匀操作摄像机。如果是摄像师肩扛摇摄，就很难控制速度均匀，这就要靠拍摄者经过长期实践摸索，才能逐渐掌握其中的规律。

3. 掌握静态构图与动态构图

电视是活动的影像艺术，电视摄像的过程就是对相对静止或运动的物体构图的过程，或是自身运动对物体进行构图的过程。其构图的过程有静态的，但更多是运动的即动态的构图过程。

（1）静态构图。

1）静态构图的概念。摄像机在相对静止的情况下（机位、镜头光轴和焦距不动），去拍摄相对静止状态中的拍摄对象，这种形式的画面构图就是静态构图。静态构图基本上遵循画面的构图原则。

2）固定镜头。固定镜头是指摄像机机位、镜头光轴、焦距都固定的情况下拍摄的画面。它与静态构图不同，拍摄的对象可以是静止的，也可以是运动的；而静态构图是静止的，即摄像机去拍摄静止的被摄对象。

（2）动态构图及运动镜头。

1）动态构图概念。动态构图中的摄像机和被摄对象处于多种状态：一种是被摄对象处于运动中，但只是画内运动，摄像机是静止的；第二种是被摄对象处于相对静止状态，摄像机是运动的，这是画面外部的运动；第三种是运动中的摄像机，去拍摄运动中的被摄对象，这是画面内部运动与画面外部运动的结合。

2）运动镜头。运动镜头是摄像机在运动过程中所拍摄的镜头。它与动态构图不完全等同。摄像机的运动方式有三种：一是镜头焦距的变动，变动镜头焦距拍摄的镜头有推镜头和拉镜头；二是镜头方向（光轴的变动），变动镜头光轴拍摄的镜头称为摇镜头；三是移动摄像机位，拍摄的镜头有移动镜头和跟镜头，同时也能够拍摄和变动镜头焦距效果相似的推镜头和拉镜头。

一个运动镜头由三部分组成，即起幅、运动、落幅。对于推、拉、摇来说，起幅、运动和落幅的要求比较明确，移动摄像和跟拍对起幅、落幅的要求相对低一些。

运动镜头开始的画面叫起幅。起幅相当于固定镜头。起幅画面过后，摄像机边运动边拍摄的部分称为运动；结尾的画面叫落幅，也相当于一个固定镜头。在摄像操作时，这三个部分应视为一个整体。

4. 掌握运动镜头的作用及拍摄

（1）推镜头。推镜头是由远视距景别过渡到近视距景别，即由远及近的拍摄方法。推镜头在影视中的表现作用如下。

1）在群体人物中突出主要人物。在推镜头中，画面由远视距景别逐渐过渡为近视距景别，画面所包含的范围越来越小，会使群体人物中的主要人物越来越突出。

2）突出处于特定环境中的主体人物。许多推镜头都是以某一环境的全景作为起幅，然后推向这个环境中的主要人物，从而突出这个人物与环境的关系以及在环境中的行为和语言。

3）充分地展现某一细节。推镜头可以先用远视距景别介绍整体环境，然后用“推”来突出地展示某一细节，用这个细节来有力地说明主题。

4）强调人物的情绪。特写是情绪性较强的景别，由全景推至特写，能人为地强调、突出这个人物的情绪，从而增强感染力。

5）再现画面中人物的主观影像。当画面中人物观察另一人物或某物体时，下一个画面可以是镜头由全景或中景逐渐推向所看到的物体细部或另一人物的特写，从而成为一个主观镜头。这个镜头是人物视线逐渐集中的主观影像。

（2）拉镜头。拉镜头也称“拉”，是画面构图由近视距景别过渡到远视距景别，即由近及远的拍摄方法。拉镜头的表现作用如下。

1）由某一主体拉开到整个环境空间，表现主体与环境的关系。

2）拉出意外人物，让画面不断地进入新的造型元素。

3）用于蒙太奇段落的结尾画面，造成一种段落结束感。这种结束感往往有孤独、惆怅、苦闷等较强的抒情色彩。

4）拉镜头常常从特写拉到全景，作为下一个场景的开头画面用于转场，有连贯流畅的效果。

（3）摇镜头。摇镜头也称摇摄，简称“摇”。摇镜头是摄像机机位不变，靠摄像师持机摇动镜头方向，或是借助三脚架来拨动镜头方向，在运动中进行拍摄的镜头。摇镜头的方向是任意的，水平摇、垂直摇、斜摇、旋转摆都可以运用。

摇镜头的主要表现作用如下。

1）扩大镜头对被摄景物的包容范围、充分展示广阔的空间。

2）对超高、超宽物体进行全面的展示。

3）在狭小的场景内，对一些局部细节做逐一的展示，突出环境的整体特征。

4）形成主观镜头。这种主观镜头的第一种摇摄方法是以一个人物观看作为起幅，把人物看到的对象作为落幅。

5）介绍起幅和落幅画面不同主体的内在联系，表现二者之间的某种逻辑关系。

6）用摇动中间有几次停顿的间歇摇，来详细地展示一个主体。

7）快速摇动的速摇，又称“甩”，可用来表现对峙双方的对立情绪。

（4）移动镜头。移动镜头是摄像机移动机位拍摄的镜头。它是摄像师步行或搭乘交通工具，在行进过程中持机拍摄的镜头；或者是将摄像机架在移动车上，一边移动一边拍摄的镜头。

1）移动摄像一般按摄像机移动的方向可分类如下。

- 横移——摄像机横向移动。
- 前进移——摄像机向前方移动。
- 后退移——摄像机后退式移动。
- 侧移——摄像机呈斜侧前移或斜侧后移两种状态。斜侧移是移动摄像中最常用的方法。

2）曲线移是摄像机在水平面做曲线移动，可分为如下几种。

- 外环型移动——镜头对众多拍摄对象作逐一展示，如图9-9所示。

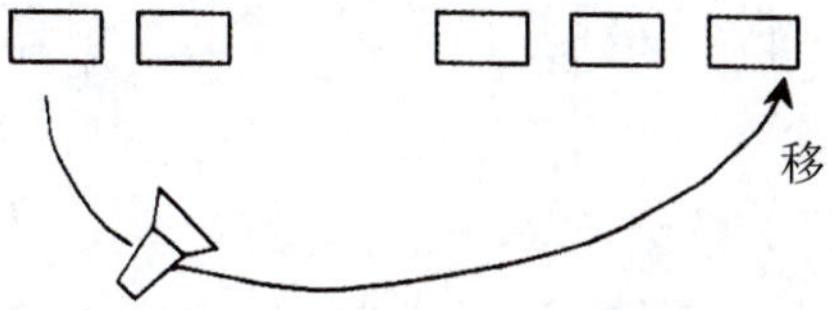

图9-9　外环型移动

- 内环型移动——镜头始终瞄准同一拍摄主体进行环型移动拍摄，在移动中又可自然越过轴线，展示同一被摄主体的不同侧面，如图9-10所示。

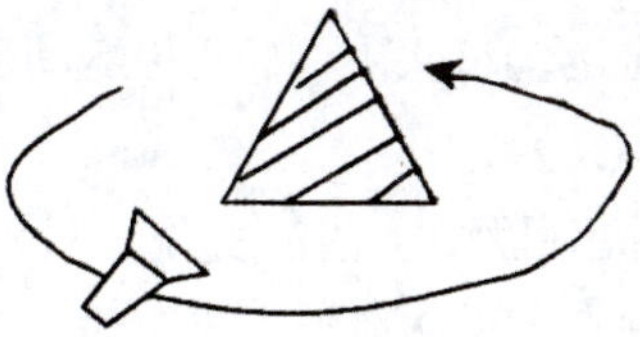

图9-10　内环型移动

- “S”型移动——摄像机根据空间的复杂情况和拍摄条件，在前进和后退移动时任意调整移动方向，是目前纪实性拍摄手法应用较多的一种。
- 升移——摄像师乘坐升降车在升高过程中拍摄，或持机由蹲而立进行拍摄。
- 降移——摄像师乘坐升降车在下降过程中拍摄，或持机由立而下蹲进行拍摄，视点从高处俯视渐渐变成在地面平视。移镜头和摇镜头的区别在于移动镜头主要是机位的移动，是视点的不断变化；而摇镜头则是镜头方向的移动，视点不产生变化。

3）移镜头的主要表现作用如下。

- 突破电视画框包容景物的空间局限，展示更为广阔的空间。
- 对复杂场景空间的表现有更大的自由度。

- 表物的主视向，成为一种主观镜头，使观众产生身临其境的现场感和参与意识。
- 移动摄像手法拍摄静物，由于视点在不断移动，对静物的表现有静中求动的效果。

（5）跟镜头。跟镜头是摄像机机位的移动、镜头方向的移动和变焦距这三种运动方式的综合运用，使镜头始终跟随运动中的被摄主体进行拍摄。其主要的特点是被摄主体在画框中的位置相对稳定、主体的景别相对稳定，背景由于主体的运动也随之处于变化之中。

1）跟镜头的四种运动方式如下。

- 跟移——通过摄像机机位的移动来跟拍运动中的主体。它是“移”与“跟”的结合。跟移在跟镜头中最具代表性。
- 跟摇——摄像机机位不变，只是通过镜头方向的摇动来跟拍运动中的主体。它是“摇”与“跟”的结合。
- 跟推——摄像机机位不变，通过变焦距使镜头向前推进，来跟拍前进中主体的背景。它是“跟”与“推”的结合。
- 跟拉——摄像机机位不变，通过变焦距使镜头向后拉开，来跟拍前进中主体的正面。它是“跟”与“拉”的结合。

2）跟镜头的表现作用如下。

- 表现主体运动的形态、情绪及与周围环境的关系。
- 跟拍前进中被摄主体的背面，可以成为一种主观性镜头，使观众产生身临其境的现场感、参与感。
- 跟拍人物走进各种环境之中，连续展示人物的语言和动作，成为纪实性电视节目最主要的拍摄手法。

（6）综合运动镜头。把推、拉、摇、移、跟各种运动摄像技巧在同一镜头中结合起来使用就是综合运动镜头。综合运动镜头中，有两种运动摄像技巧的结合，如拉摇、跟摇，也有三种甚至四种、五种技巧的结合。

综合运动镜头带来的同一幅画面中主体的变化、景别的变化和角度的变化，就相当于在剪辑台上把许多镜头组接在一起。从剪辑意义上讲，综合运动镜头给画面带来的主体、景别和角度的变化，就是镜头内部蒙太奇。从长镜头长度来说，综合运动镜头大都属于长镜头，这种综合运动的长镜头能够不间断地纪录事件发展的一个完整段落，形成一种独特的纪实风格。综合运动镜头的主要作用是使摄像机镜头成为观众的视点，让观众不间断地观察某一事件发展的过程。在不间断的拍摄过程中，画面出现多主体、多景别和多角度，而这种变化完全融合在摄像机的运动之中，使画面内容真实、自然和流畅，没有人工雕琢的痕迹，成为真正意义上的“客观的纪录”。

二、掌握电视摄像中的轴线规律

在拍摄方向性较强的人物或物体时，往往存在着一条假想的轴线。摄像机要在假想轴线的一侧即 180° 以内设置机位，以保证正确处理人物或物体在画面中的方向。

轴线有三种：一是由主体运动方向形成的轴线，主体运动方向即为轴线方向，称为运动轴线方向（图9-11）；二是由人物视线方向形成的人物轴线，称为人物视线方向（图9-12）；三是人物关系轴线（图9-13）。违反轴线规律的拍摄称为越轴。

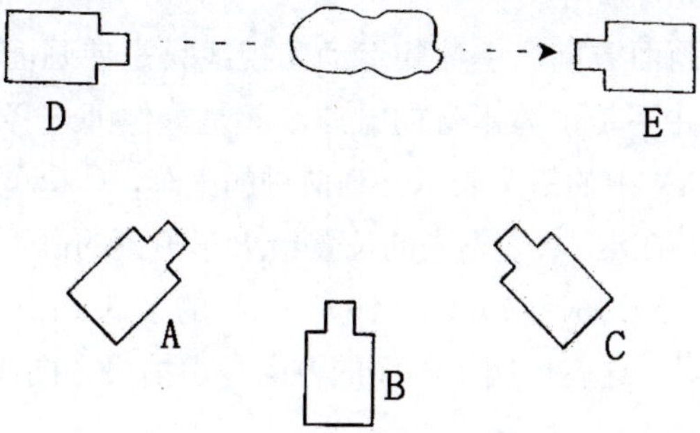

图9-11　运动轴线方向

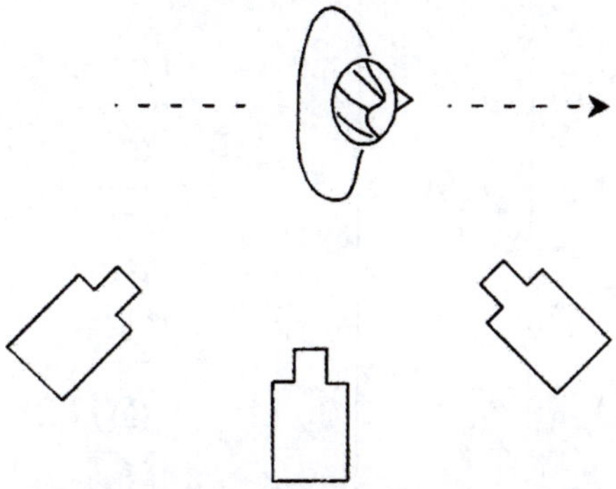

机位按图所示拍出的画面，人物面向画右

图9-12　人物视线方向

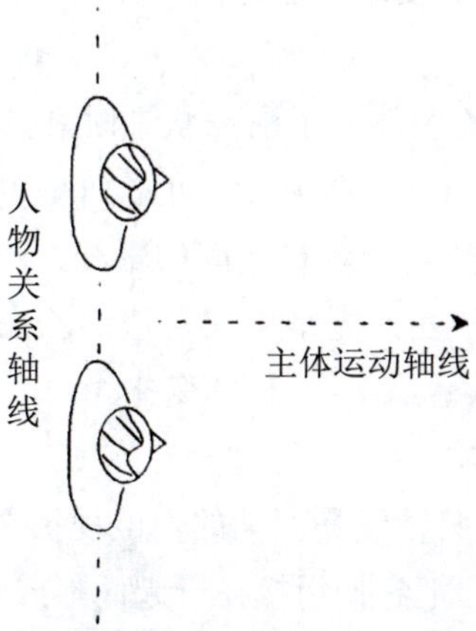

人物关系轴线和二人运动轴线并存，
形成双轴线

图9-13　人物关系轴线

1. 画面方向的规律

画面方向的规律有三个：一是拍摄方向决定画面方向，其是画面方向的形成规律；二是 180° 规律，其是摄像师在拍摄带有方向性的画面时必须遵守的规则；三是变动的轴线，即运动的主体决定运动方向。

（1）拍摄方向决定画面方向。主体的运动和视线只是使画面具有方向性而已，但决定画面中主体方向的，并不是主体本身的方向，而是摄像师选择的拍摄机位和方向。如图 9-14 所示，图 9-14（a）中的箭头表示一列前进的火车，①②③④⑤⑥⑦⑧⑨⑩为不同的拍摄方位和拍摄方向。在这 10 个不同的位置给火车拍摄的画面中，火车前进的方向分别为（1）（2）（3）（4）（5）（6）（7）（8）（9）（10）的箭头。由于拍摄方向不同，拍出来的画面方向也各不相同。这就证明了画面的方向是由拍摄方向决定的。

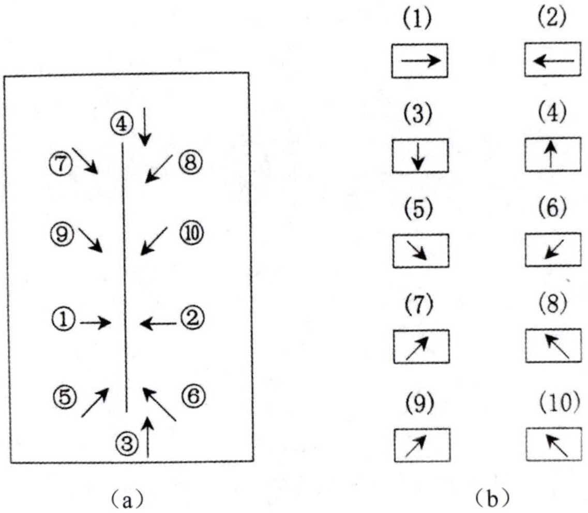

图 9-14　拍摄方向决定画面方向

（2）180° 规律（轴线规律）。要求画面方向多变化，又要求方向关系不混乱，就必须遵守 180° 规律。

（3）变动的轴线。画面中的主体处于活动状态时，其轴线也是活动的。它随着主体的运动而不断地改变其指向。如一辆盘旋上山的汽车，由向东行驶拐弯变为向西行驶，其轴线便跟着有 180° 的改变。舞台上演员之间的轴线，也会因为场面变换，即演员之间位置的互换而变化。如演员甲与乙，先是甲在左边，乙在右边，经过场面调度后，变为甲在右边，乙则在左边，其轴线也有了 180° 的变化。

影视中反轴镜头的形成具体如下。

1）被拍摄主体在运动中，其轴线是变动的。电视摄像师没有注意到这点，在其轴线 180° 变化的前后各拍一个镜头，把它们组接在一起而形成反轴。

2）被拍摄主体是相对固定的，其轴线没有多少变化。但摄像师越轴拍摄，在轴线两边各拍一个镜头，并把它们组接在一起而形成反轴。

2. 如何合理越轴

（1）利用摄像机的移动来越过轴线。摄像师需要越轴画面时，可边移动摄像机越过轴线边拍摄，将整个越轴过程拍摄下来。

（2）插入中性方向镜头。中性方向镜头是指主体迎着摄像机前进（拍摄时用正面角度）或主体向画面深处前进（离摄像机越来越远，拍摄中用背面角度）的镜头。

（3）插入与运动主体有关的某物体局部镜头。这种镜头的景别也大多用特写或近景，在视觉上方向性不是很明确。

（4）插入运动中人物的主观镜头。主观镜头所表现的物体是上一个镜头或者下一个镜头中人物所看到的物体。

任务2　掌握电视节目的编辑技巧

任务描述

本任务将带领同学们了解何为电视编辑、电视编辑需要掌握的要点及方法。

任务要求

- 了解电视编辑概念。
- 了解蒙太奇的表现形式。
- 掌握电视画面组接的技巧。

知识链接

一、电视编辑概述

电视创作是一个复杂的过程。在这个过程中需要涉及许多创作环节——选题、构思、采访、提纲撰写、实际拍摄、后期编辑和配音配乐合成等。在这些创作环节中，编辑需要负责整个节目的构思、采访、后期编辑和混录合成等一系列工作。

电视节目的创作过程一般分为前期和后期两个阶段。前期阶段为获取原始的图像素材和原始的声音素材所进行的一系列工作，主要包括根据节目的总体构思确定节目的内容和形式、选择符合节目的总体构思、确定节目的内容与形式、选择符合节目内容与形式的拍摄现场、组织现场拍摄和通过摄录获得所需要的图像和声音素材等。电视编辑作为一个创作环节，主要指电视创作的后期阶段。后期阶段为对原始素材进行鉴别、选择并进行艺术地加工与处理（而不是一种单纯的技术加工程序），使之成为一个完整的节目形态的一系列工作，主要包括根据总体构思对所拍摄的内容进行编排、画面的组接、特技及字幕合成和配音、配乐、配解说、合成等。这些工作又主要是围绕着画面的组接来进行的。因此，编辑工作最主要的内容就是对画面进行组接。

后期编辑是一项涉及众多内容的、复杂而细致的工作。从下面的图 9-15 中可以大致了解它的主要工作内容和方法。

- 编辑
  - 准备阶段
    - 修改拍摄提纲
    - 准备设备
    - 熟悉素材
    - 与有关人员协调
    - 编辑提纲
  - 编辑阶段
    - 整理素材
    - 选择素材（粗编）
    - 画面组接，做特技、打字幕、配音、配乐、配解说、合成
  - 检查阶段
    - 检查意义表述
    - 检查画面
    - 检查声音

图 9-15　电视编辑工作示意图

在编辑过程中，准备阶段是一个很重要的阶段。准备工作做得越充分，编辑时越省时省力、得心应手。

熟悉素材是对拍摄到的原始图像和原始声音素材进行了解和鉴别。

编辑阶段是编辑工作的最主要阶段，主要包括以下几个工作。

（1）整理素材。整理素材是对原始素材进行分类和整理，主要是给素材编号，然后逐个记下每个镜头的内容。

（2）选择素材。选择素材是在众多的素材中选择和确定可用的镜头，然后根据编辑提纲所提示的内容分别进行归类，将不同磁带上的镜头标示在编辑提纲上，以供剪接时寻找。

（3）画面组接。画面组接是按内容要求的顺序将一个个镜头组合在一起，用来表达创作者的思想和意图。它需要用特殊的画面语言使内容连贯起来，并通过选择剪接点和决定镜头长度来创造一定的艺术效果。通过画面组接使原本零碎的素材成为一个完整的艺术整体。

检查阶段是在画面组接完成的基础上进行的。它主要涉及以下几方面。

首先，检查意义表述是否有问题。这一工作主要判断：叙事是否符合真实性的原则；是否符合生活逻辑；是否条理清晰，顺畅连贯；结构是否完整匀称；内容之间的联系是否合理自然；各种结构因素的比例是否得当；意义表达是否有问题；组接点的选择是否恰当；有无技术失误；运动的把握是否流畅；场面过渡是否自然；等等。

其次，检查画面是否有问题：一是剪接点选择是否恰当，是否符合基本的影视语言规则；二是有无技术上的失误；三是运动的把握是否流畅；场面过度是否自然。

最后，检查声音是否有问题：声音质量是否符合技术标准；声音是否连贯、完整；

声画同步是否准确；等等。

电视编辑从总体上包括两个方面的因素。

（1）创作方面的因素。创作因素主要是创作者对节目内容的把握。这种能力需要以创作者多方面的素质和长期的实践作为基础，不断提高思想水平和艺术修养，才能逐渐地形成。

（2）技巧方面的因素。技巧因素主要是创作者对节目内容表现方式的把握。这需要创作者通过训练，了解和掌握电视语言表意方式的特点去实现。

二、蒙太奇理论基础

蒙太奇理论基础

1. 蒙太奇的概念

蒙太奇的本义源于法语（Montage），是建筑学上的装配组合的意思。后来，电影借用这个概念，使其逐渐成为影视制作的一个专用术语。

狭义的蒙太奇是指影视作品的组接技巧，即在影视制作时期，将前期采集的画面和声音素材按照主题要求所设计的顺序组合在一起，形成一部完整的影视作品。

2. 蒙太奇的表现形式

蒙太奇表现形式多种多样，一般分为两大类：一是叙事蒙太奇；二是表现蒙太奇。

（1）叙事蒙太奇。叙事蒙太奇也称叙述蒙太奇、连续蒙太奇和连续构成。世界著名电影大师马赛尔（Marcel）在《电影语言》一节中，对叙事蒙太奇的含义作了比较明确的论述："所谓叙事蒙太奇，是蒙太奇最简单、最直接的表现。其意味着将许多分镜头按逻辑或时间顺序分段纂集在一起。这些镜头中的每个镜头自身都有一种事态性内容。其作用是从戏剧角度和心理角度（观众对剧情的理解）去推动剧情的发展。叙事蒙太奇便于叙述一段剧情、展示一系列事件。"叙事蒙太奇的技巧注重的是镜头纪录揭示功能，当它的几个镜头连接在一起时，其在时间上是连续进行的，在空间上是一个整体。它能表达事件的发展和运动，给人以流畅、清楚、明白的感觉。简单地说，叙事蒙太奇就是通过镜头的组接来简单地叙述一段故事。

叙事蒙太奇组接的依据是生活的逻辑。根据生活自身的逻辑，叙事蒙太奇的镜头组接大致呈现出三种顺序。

1）叙述一个正在发展中的事件，往往是按时间顺序来组接，展示生活的流程，体现时间的连续性。例如，电视连续剧《三国演义》第一集《桃园三结义》，按照时间顺序组接下面一组镜头：刘备、关羽、张飞三人相遇，酒楼叙谈之间，不觉情投意合，相见恨晚，于是三人结为兄弟，在桃园祭拜天地，立下"不能同年同月同日生，但愿同年同月同日死"的誓言，成为世人传颂的故事。

2）按照空间顺序来组接，逐一展示各个不同空间事物的存在状态或事件的发展状态，由各个不同场景的集合而构成。按照空间顺序组接的叙事蒙太奇，体现了空间的统一性。例如，一部反映一个地区改革年代突飞猛进的综合性电视片，有一组镜头是对这个地区改革年代快速发展情况的概述，一个个画面分别展示自然风光、城市建设新貌、工业企业里机声隆隆、农田里丰收在望、商场里新产品琳琅满目。这组按照空间顺序组接的镜头，各个空间之间都存在内在的联系，都体现了这个地区改革开放成就的一个侧面，但又具有整体空间上的统一性。

3）依据因果、呼应等逻辑因素来组接。许多事物之间都存在一定的联系。依据逻辑因素来组接，往往能和观众思维的逻辑相符合。例如，电力工人在变电所合上电闸，山村忽然由一片黑暗变成万家灯火；一个人举枪扣动扳机，天空中一只飞鸟应声落地；等等。

值得注意的是，叙事蒙太奇的这三种顺序在剪辑时并不一定是孤立的，其往往是交叉在一起的。以时间顺序为主的镜头组接的一个又一个的事件，常常发生在不同的空间；以空间顺序为主的镜头组接，也可以看出蒙太奇跨越时空的特征。总之，我们要根据某种相关因素来灵活地、创造性地运用叙事蒙太奇的表现手法，而不能刻板地理解这些规则，更不能拘泥于一些死板的条条框框，束缚了自己的手脚。

（2）表现蒙太奇。表现蒙太奇也称对列构成、对列蒙太奇。表现蒙太奇不单是为了叙事，更重要的是通过逻辑上具有一定内在联系的镜头对列组接，来暗示或者创造一种寓意，抒发某种情绪、激发观众联想。

《瓦尔特保卫萨拉热窝》中的两个镜头：

1）钟表店老板到教堂保卫瓦尔特时被德军打死在钟楼下；

2）一群鸽子在他的上空盘旋飞翔。

第二个镜头暗示第一镜头：他是为争取自由而光荣牺牲的。这就是表现蒙太奇。

与文学创作的叙述、描写、议论和抒情四种基本表现手法相比，表现蒙太奇更注重议论和抒情。表现蒙太奇是画面蒙太奇组接技巧中最有代表性、最富于表现力的手段，能够深刻地表现客观事件更有哲理性的内容和更深层次的思想意义，能够更充分地体现作者的主观意图。表现蒙太奇组接的每一个镜头已经不仅仅局限于原来固有的说明作用和感染力量。用谢尔盖 • M. 爱森斯坦（Sergei M. Eisenstein）的说法，就是“两个蒙太奇镜头的对列不是二数之和，而更像是二数之积”。相比之下，叙事蒙太奇重在客观事实的叙述，主要功能是“写实”，表现蒙太奇则更重视作者主观情感的抒发，主要功能是“写意”。

表现蒙太奇在具体的组接技巧上，有平行式组接、积累式组接、对比式组接和联想式组接多种方法。值得注意的是，表现蒙太奇的各种组接技巧大都是指每两个单个镜头之间的组接，但也不排除两个蒙太奇段落之间的组接。

1）平行式组接。平行式组接是表现蒙太奇手法之一，又称平行蒙太奇。它是在某一蒙太奇段落中，同时并列地叙述两个或两个以上的事件。这两个或两个以上的事件互相之间具有因果关系、呼应关系等逻辑上的联系。平行式组接比较典型地反映了表现蒙太奇跨越空间的特征，它不是对某一事件的“单线的叙述”，而是通过对两事件的“复线叙述”来创造一种新的含义，抒发一种主观情绪，从而增强作品的感染力量。例如，电视连续剧《妇产医院》中，科研所的军人林志哲长年在外地工作，他的妻子岳丽在家怀孕期间患重病，在妇产医院住院治疗。这一天，林志哲的科研任务告一段落，他请假前来看望病中的岳丽，而这时岳丽突然强烈地抽搐，情况十分紧急。其分镜头如下。

中景：岳丽在病床上强烈地抽搐。

全景：林志哲走出火车站，急匆匆地上了出租车。

近景：心电图上的曲线表明岳丽的心脏突然停止了跳动。

全景：林志哲乘坐的出租车遇到交通堵塞。

中景：护士们紧急为岳丽输液。

全景：林志哲下了出租车，拼命地奔跑。

中景：护士们为岳丽做人工呼吸。

全景；林志哲跑过天桥。

特写：一双手正在按压岳丽的胸部，继续做人工呼吸。

中景：林志哲跑下天桥。

转写：郭大夫满头大汗正在为岳丽做人工呼吸。

近景：岳丽的心脏恢复了跳动。

全景：满头大汗的林志哲跑进医院大门。

岳丽在医院出现危险和林志哲赶路，两条具有呼应关系的线索齐头并进，通过平行式组接表现了两条线索之间的紧密联系，对观众心里形成强烈的冲击。

2）积累式组接。积累式组接是表现蒙太奇的手法之一，也称积累蒙太奇。它将一些主体形象和内容较为相近的镜头组接在一起，形成一种叠加的、积累的效果。通过这些因素同类相近的镜头的积累，突出地强调一种思想，明确地说明一个主题。

积累式组接的画面之所以能够组接在一起，主要依据是逻辑上的联系。这些画面往往从不同侧面说明一个相同的主题，组接之后产生一种综合效应。

积累式组接有两种方法，具体如下。

第一，通过内容相近的镜头组接。这种方法在一个蒙太奇段落内，强调这一段落的中心思想。例如《南京四中“小学眼镜”多》的新闻中，记者从各中小学的课堂里、操场上、校内、校外“抓住”许多戴眼镜学生的画面，其中有中学生、小学生，有男孩、女孩。诸多的“小眼镜”积累在一起，使观众在视觉上感受到这一问题的严重性，认识到采取措施、预防近视的重要性。

第二，通过对一个复杂事物若干侧面的组接使观众对所要表达的事物获得一个综合的、总体的印象，即用一个又一个的局部内容画面的积累来展示事物的整体面貌。例如中央电视台播放过的一部介绍澳大利亚城市悉尼的电视片，用美丽的自然风光、宽阔整洁的街道、一幢又一幢漂亮的建筑物、市区里衣着漂亮的行人的积累式组接，展示了悉尼市接待奥运会的综合实力。

3）对比式组接。对比式组接是表现蒙太奇手法之一，也称对比蒙太奇。它是把两种在内容上相反的镜头组接在一起而成的一种寓意，以表现作者的主观态度。例如穷与富、强与弱、高大与渺小等的对比。

对比式组接有两种方法，具体如下。

第一，把现实生活中两种对立因素进行对比。例如世界纪录片大师尤里斯·伊文思（Joris Ivens）在纪录片《新的土地》中使用的一组镜头是对比式组接的典型范例：把丰收的麦田、粮食被烧毁、牛奶倒入大海的镜头和骨瘦如柴的饥饿儿童、反饥饿游行的镜头组接在一起，表现作者对剥削阶级罪恶行径的强烈控诉。

第二，历史与现实的对比。例如电视片《招商局蛇口工业区在开发中》，通过同一地方，昔日荒芜，今日厂房林立；同一公路，昔日狭窄崎岖，今日宽广平坦；同一街道，昔日破旧凄凉，今日繁华热闹等不同形象的对比，展示了蛇口工业区飞速的发展，颇有说服力。再如电视纪录片《新中国六十年服饰路》拍摄了中国人在改革开放前三十年和改革开放后三十年的着装变化，形象地表现出不同历史时期，中国人在服装上的不同观念和衣着水平上的巨大历史变化。

4）联想式组接。联想式组接是表现蒙太奇的表现手法之一，也称隐喻蒙太奇、相似蒙太奇。它类似于文学创作中的隐喻、象征、借代等手法，通过不同的视觉形象或听觉形象的镜头组接，使观众由乙事物引起对甲事物的联想，达到喻义、象征等效果。

联想式组接一般包括用画面（视觉形象）作喻和用音响（听觉）形象作喻两种方法。作为隐喻要素的两个形象，往往甲是要说明的内容，类似比喻中的本体，而乙是用来作喻的内容，类似比喻中的喻体。联想式组接是通过打比方的手法来暗喻某种形象，说明某种意义，具有较强的情绪色彩。例如爱森斯坦在著名的《战舰波将金号》中，用卧着、坐着、站着的三个石狮隐喻群众的觉醒、革命的爆发，是经典性的比喻力作。再如，在一些电视片中，表现人物处于危急关头，往往用暴雨倾盆的镜头作喻；用故宫的红色大门缓缓打开的镜头表现改革开放、发达国家的先进技术和资金涌入中国等。

正是叙事蒙太奇和表现蒙太奇的综合运用，使一部又一部的电视作品构成了在表现形式上的统一。

3. 影视语言的句子

任何一部电视作品都有一个从文学形象变成视觉形象的过程，这个创作过程就是分析与综合的过程。所谓分析就是分解，在拍摄时将脚本和提纲分成具有视觉形象的最小单位——镜头时，创作才算真正开始，而综合的过程就是剪辑合成。

分镜头是手段，实现剪辑完成作品才是目的。镜头是影视作品中的最小单位。但是作为一个镜头，尤其是短镜头，它没有多少意义。不同景别、不同摄法的镜头如果按不同句型连接起来，其表现力就大大不同。前苏联导演米哈伊姆（Mikhail Romm）说：“蒙太奇的基本单位是镜头。用各种镜头组成蒙太奇句子，蒙太奇句子再组成各场戏。”镜头组成句子有一定的规律。各种景别的镜头不是可以任意组接在一起的。镜头组合必须符合一些句型的规则，每一种句型又表示不同的含义。创作者在叙事中叙述某个事物或表现某一思想时，就要选择符合这种叙事和表现方式的句型。

镜头组成的四种句式如下。

（1）前进式句式。前进式句式是从远视距景别过渡到近视距景别的组接方法，即通过全景—中景—近景—特写，把观众的视线从整体环境引向局部细节，逐渐地突出趣味中心，使观众对于某一主体的视觉感受逐渐增强。例如一部介绍女劳模先进事迹的专题片，第一组镜头如下。

全景：（俯拍）宽敞明亮的织布车间，织布机排列整齐，纺织女工们精心操作。

中景：两排织布中间，一名织布女工巡回检查。

近景：女工俯身在机台上处理接头。

特写：女工全神贯注的表情。

这一组镜头采用前进式句式，从全景—中景—近景—特写，人物给观众的感受越来越强烈，一步一步地表现了这位纺织女工对工作一丝不苟的性格特征。

（2）后退式句式。后退式句式是由近视距景别过渡到远视距景别的组接方法，即通过特写—近景—中景—全景，把观众的视线由局部细节引向整体环境。例如，下课铃响，学生们收好课本，背起书包，离开教室。他们通过学校大门，走过一座小桥后，沿着前面和左右的大路散开，三五成群地走路回家。其分镜头如下。

特写：电铃响。

近景：学生收拾课本，背起书包。

中景：学生们走出教室。

全景：学生们走出学校大门。

大全景：学生们走出学校大门，通过小桥，沿着几条大路步行回家。

这个镜头采用后退式句式，从特写—近景—中景—全景，先用特写画面中下课铃声展开趣味中心，吸引观众往下看，刚一开始就给人一种先声夺人的效果。

后退式句式的第二种方法是先用近视距景别展示局部细节，然后通过向远视距景别过渡展示环境全貌，使人逐步了解全貌，从而使一组画面有一种情节终了的结束感。例如电视连续剧《西游记》中许多集的片尾，叙述唐僧师徒四人在渡过一场劫难之后，又向新的目标进军，去迎接新的战斗。

近景：唐僧师徒四人一个一个地从画右入画，又从画左出画。

中景：师徒四人边走边说笑。

全景：黄昏。落日映照着晚霞，师徒四人向遥远的西天走去，越走越远，越走越远……

这组镜头是从局部到整体，最后展示环境全貌，制造“这一段故事结束了”这样一种含义。

（3）环型句式。环型句式是前进式句式和后退式句式连接起来使用的手法。第一种是从远视距景别开始，过渡到近视距景别，再过渡到远视距景别，即从全景—中景—近景—特写—近景—中景—全景；第二种是从近视距景别开始，过渡到远视距景别，再过渡到近视距景别，即从特写—近景—中景—全景—中景—近景—特写。例如电视连续剧《英雄无悔》中的一组镜头，就是用了第二种环型句式。香港富商司徒远东的儿子被黑社会成员绑架的情节出现了以下一组环型句式镜头。

特写：司徒远东紧皱眉头焦灼不安的神情。

近景：司徒远东的妻子絮红在哭泣。

中景：司徒远东强压住内心的焦灼与痛苦，劝解妻子絮红。

全景：俯拍司徒远东家的客厅，司徒远东一家和助手阿勇沉默、焦灼、恐慌的压抑气氛笼罩着客厅。

中景：司徒远东夫妻与助手阿勇商量如何解救儿子，阿勇起身出画。

特写：司徒远东深思的表情……

这一组镜头就是采用环型句式，以司徒远东焦灼不安的特写开始，继而描述司徒远东一家人商量解救儿子的对策及整体环境气氛，最后是关注司徒远东的儿子能否被营救出来，但没有最终结果。

（4）片断式句式。片断式句式打破了前三种句式，主要以景别的过渡来作镜头组接依据，按照事件发展的时空或逻辑顺序，在一连串的事件发展过程中，择取若干具有代表性的片断进行组接，体现了一种“以局部代整体”的意念。片断式句式的几个镜头之间具有明显的跨越时空的特征，所以这种组接方法能避免其他组接的拖沓，使镜头组接显得更加简洁。

片断式句式在电视剧、电视专题节目和新闻节目中可以说是比比皆是。例如，一条报道一座新建的港口通船的新闻，在两个多小时的通航典礼拍摄中，仅仅选取港口全景、典礼会场全景、领导讲话、气球放飞、轮船上的国旗、领导剪彩和群众画面就可以表现港口通航的主要过程。可以看出，片断式句式较之前三种句式具有比较自由的特征。片断式句式运用得当，可以使镜头组接更加灵活自如、更具有创造性。

4. 影视时间和空间

影视镜头的分切与组合打破了现实时空的制约，创造出新的影视时空。影视片的后期剪辑可以延长时间和扩大空间，也可以缩短时间和压缩空间；可以实现超越时空的跳跃，也可以使时空停止、倒退。

（1）影视时间。现实时间是指现实生活中自然的时间流程。它是自然流逝的、连续的、不可改变的。影视时间是电视节目的长度，包括每一个蒙太奇段落及每一个镜头的长度，是可变的。

电视镜头的分切组合打破了现实时间固有的连续性的制约。它可以不受现实时间的限制，以一种不连续的自由方式来再现生活中的时间流程。

影视时间有以下几种形式：

1）影视时间可以对现实时间的表现加以延长。通过延长来夸张、强调生活中的某些事件，渲染、烘托人物的情感世界。

2）影视时间可以对现实时间加以缩短。

3）影视时间可以突破现实时间的顺向流逝，自由地组合过去、现在和未来。

（2）影视空间。从电视画面拍摄这个角度来说，现实空间是指现实生活中的环境，可以理解为每一个拍摄的场景；影视空间则是屏幕和画框所表现的社会生活的影像形式。影视是一种独特的时空艺术，既可以创造自由的影视时间，又可以创造自由的影视空间。影视空间的具体表现为如下。

1）影视空间可以再现广阔的现实空间，跨越空间，扩大现实空间。

2）影视空间可对现实空间加以压缩。

3）影视空间可对现实空间的局部空间进行组合，从而表现影视空间的全貌，即构成新的空间形态；在一组镜头中，把多个空间画面有秩序地组织在一起，体现了影视后期剪辑过程中的空间统一性。

5. 长镜头——镜头内部蒙太奇

长镜头理论是法国电视理论家安德烈•巴赞（André Bazin）在20世纪50年代提出的一种与蒙太奇相对立的电视制作理论。安德烈•巴赞以长镜头理论为电视美学的核心思想，创立了纪录学派。纪录学派所主张的长镜头理论主张镜头要在时空连续的前提下绝对客观地纪录生活，在屏幕上再现真实、具体的生活的原生形态，以保持屏幕形象的真实感、现场感以及拍摄对象及运动过程在时间和空间上的完整性。

长镜头在一个较长的不间断镜头里，通过推、拉、摇移、跟等综合运动摄影（摄像）这种时空连续的场面调度，完整地记录一个事件段落的全过程。它具有形式独特的纪实风格。例如，中央电视台和日本广播协会（NHK）摄制的《龟兹幻想曲》中就用了一系列长镜头拍摄，主要给观众以目击式临场感。在佛窟中介绍壁画上的舞神、乐神和菩萨时，采用了平面的横移动或纵深的推拉技巧。这种在漫长镜头延伸中逐一展现壁画形象的方法，给观众一种目不暇接的感觉和完整的形象感觉。

长镜头中包含了被摄主体、摄像角度和景别镜头外部运动等方面的变化，并且能完整地表现一段内容，相当于运用蒙太奇组接技巧形成一个完整的蒙太奇段落。从后期编辑的角度说，我们又把长镜头技巧称为镜头内部蒙太奇。

用这种镜头不间断地表现一个事件的过程，是对静态构图和分切镜头的革新。它通过连续的时空运动把真实的现实自然地呈现在屏幕上，形成一种独特的纪实风格。这种以纪实性美学为特征的长镜头叙事方式与蒙太奇叙事方式有许多不同之处，代表它们各自风格的影视作品在美学上也具有明显不同的特征，一个是纪实性的，一个是分解性的。

任务实施

一、掌握电视画面的组接及声画组合

一部电视片是由一个个镜头的画面组接而成的。画面组接主要有无技巧组接和技巧性组接。

1. 无技巧组接

无技巧组接是指两个画面之间的直接切换，即不通过特技切换台，两个画面在编辑机上即可进行切换的组接方式。

无技巧组接常用的方法如下。

（1）出画与入画。前一个镜头的最后画面，主体走出该画面；后一个镜头的第一幅画面，主体进入该画面。出画与入画的主体，可以是人物也可以是动物，或者是车、船等交通工具。出画往往使观众在视觉感受上造成短暂的悬念，下一个镜头的主体人入画则回答了这种悬念。

出画与入画的主体可以是同一主体，也可以是不同的主体人，但大多以同一主体出画、入画转换为主。

（2）两极镜头组接。两极镜头（即远景或全景和近景或特写）的组接方法：前一个镜头的景别与后一个镜头的景别恰恰是两个极端——如果前一个镜头是特写，则后一个镜头是全景或远景；如果前一个镜头是远景或全景，则后一个镜头是特写。两极镜头的组接本身就会有强调意思，往往会产生一种前后对比的效果，使节奏力度增强。

（3）特写组接。特写组接中无论前一个镜头的最后画面是什么，下一个镜头的开始画面都应从特写开始。特写组接是较为常用的一种画面组接方法。在拍摄中应注意拍摄特写镜头，以备在后期编辑中使用。

（4）同景别组接。同景别组接方法：前一个镜头的最后画面与后一个镜头的开始画面景别相同，一般是全景接全景、特写接特写。全景接全景是前一个镜头以空间环境或整体气氛结束，后一个镜头以空间环境或整体气氛为开端；特写接特写是前一个镜头以突出一个段落结束，后一个镜头以富有感染力的细节来引出另一段故事。特写接特写会使观众的注意力相对集中，使组接更紧凑。

（5）同一主体组接。同一主体组接是上一个镜头为主体的全景，下一个镜头即从该主体特写开始。用分切、拉镜头或摇加拉等方法都可以。

（6）相似体组接。这种方法是利用前、后两个镜头的主体同属一类物体，或是外形相似的物体进行组接。这种方法使镜头的组接顺畅、巧妙。例如台上的航模接大海中的轮船，就属于相似组接。

（7）运动镜头的组接。这种方法是利用摄像机机位的移动或镜头方向的移动所造成的变化来进行画面组接。

（8）主观镜头组接。主观镜头组接是前一个镜头画面出现主体的视线，下一个镜头接视线所见的景物画面。即前一个镜头是看，后一个镜头是所见。

（9）空镜头组接。空镜头是指一些以刻画人物情绪、心态为目的的，只有景物没有人物的镜头。从空镜头开始的组接有两种形式：一是从空镜头摇到主体；二是让主体进入空镜头。

（10）逻辑因素组接。逻辑因素的组接是利用前、后两个镜头之间的因果、呼应等逻辑因素来进行画面组接。如前一个镜头扳下电闸，后一个镜头是万家灯火。

（11）空间组接。空间组接是利用对列蒙太奇的方式将不同空间组接在一起。这在新闻的编辑中较为常用。

（12）声音组接。用声音与画面结合达到镜头组接的目的，有的用对白、台词组接，有的用解说词、歌词等组接。较有代表性的声音转场是在电影或电视剧中，前一个镜头的人物说到另一个人物的名字来引出另一个人物，从而巧妙地完成画面的组接。

2. 技巧性组接

技巧性组接是运用电子特技设备对两个画面进行组接的方法，其主要的方法如下。

（1）淡出淡入。淡出淡入也称渐隐渐显，即前一个镜头的最后一个画面由正常的亮度渐渐变为全景，画面内容渐渐隐去，这就是淡出，也称渐隐；后一个镜头的开始画面由全黑开始渐渐变成正常亮度，画面由暗转明，画面内容逐渐显示，这就是淡入，也称渐显。简单地说，就是一个画面逐渐暗下去，下一个画面逐渐亮起来。

（2）叠化。叠化也称化出、化入、溶化。即前一个镜头逐渐模糊，直到消失，后一个镜头逐渐清晰，直至完全显现，两个镜头在变化的过程中有几秒钟的重叠、融合。从观众的角度看，后一个镜头好像是从前一个镜头中自然显露出来的。叠化的过程具有柔和、自然的特点，一般可用于较为缓慢、柔和的时空转换。

（3）划像。划像也称划、划变，可分划出和划入两种。划出即前一个画面从某一方向退出画框，空出的地方则由叠放在底部的后一个画面取而代之；而划入则是前一个画面作为衬底在画框中不动，后一个画面由某一方向进入画面，对前一个画面取而代之。划像有明显的间隔，节奏明快。

（4）翻转画面。翻转画面也称翻页，即前一个画面垂直翻过或水平翻过，这个画面翻过后的背面即是另一个场景。翻转画面多用于内容意义上反差较大的对比性场景。

（5）定格。定格是将画面中运动的主体突然变成静止状态，从而强调某一主体形象，或强调某一细节的含义。定格结束，自然转入下一个画面。定格多用于较大段落的结尾。

随着数字化影视制作技术的迅速发展，技巧性组接的方法层出不穷，花样百出。我们在掌握数字编辑设备操作的同时要根据电视片的主题要求来选择组接方法，不能为了技巧而技巧。

3. 运动的组接

运动组接的基本原则是动接动、静接静。下面就画面主体运动及其组接方式、镜头运动及其组接方式进行介绍。

（1）画面主体运动与镜头组接。画面主体运动即摄像机不动时画内主体的运动，称为画内运动。画内主体运动状态与镜头组接方式有如下四种。

1）静接静。静接静即静止的主体接静止的主体，是两个典型的静态构图画面的组接。

2）动接动。动接动即运动的主体接运动的主体，可以在主体的运动中进行，通过两个以上不同景别、不同角度的同一主体运动的组合，来再现同一主体完整的运动过程。除此之外，两个主体运动的画面的组接中的两个主体也可能是不同的。

3）动接静。动接静即运动的主体接静止的主体，一般应该在前一个镜头中主体运动中的瞬间停歇处或某一动作全部完成之后选定剪接点，以便和主体相对静止的下一个镜头顺畅地组接。

4）静接动。静接动即静止的主体接运动的主体。一般应该选择后一个镜头中主体动作即将开始的瞬间作为剪接点，使前一个镜头中静止的主体与后一镜头中主体动作即将开始的瞬间相组接。

（2）镜头外部运动与镜头组接。我们通常把采用推、拉、摇、移、跟等运动摄像技巧拍摄的镜头称为运动镜头，这种运动技巧带来的镜头运动称为镜头外部运动。从镜头外部运动因素上来观察镜头组接方式，有如下四种状态。

1）静接静。静接静即固定镜头接固定镜头，所谓固定镜头就是摄像机机位、镜头、焦距不变所拍摄的镜头。前面我们讲的组接方式均为固定镜头与固定镜头的组接方式。静接静可按上述所介绍的组接方式进行。

2）动接动。动接动即运动镜头接运动镜头。不论画面中的主体是运动的还是静止的，都可以视为“动”与“动”的组接。在动接动的组接中，又可以分为以下几种方式。

- 两个镜头的运动方向相同，就是把一个镜头的落幅与下一个镜头的起幅组接。
- 在上、下两个镜头运动方向一致或相近的情况下，可以去掉落幅和起幅，在镜头运动中组接，这是典型的“动接动”。
- 故意表现两个镜头主体之间的对立、呼应、面对面奔跑和环境杂乱等含义，可以把两个运动方向相反的镜头组接在一起。

3）静接动与动接静。静接动是指固定镜头后边接一个运动镜头；动接静是指运动镜头后边接一个固定镜头。其组接方式有以下三种方法。

- 将固定镜头与运动镜头的起幅或落幅短暂静止画面相组接。
- 利用固定镜头内主体的动势，寻找恰当的动作剪接点，把固定镜头内的运动剪接点与运动镜头在动中组接。
- 利用两个画面内主体的呼应关系来表现运动镜头与固定镜头之间的内在联系。

以上运动的组接方法是编辑中常用的运动的组接方法。每一种方法都有各自特点，组接时应根据上下剧情发展，结合画面造型因素的匹配，采取适合节目内容的镜头组接方法来剪接电视片，以使得一部片子内部结构合乎逻辑、外部结构通顺流畅。

4. 声画组合

叙事的基础是声音的承载体，传达给观众的是具体的形象的视觉感觉；声音可以补充说明画面，依托画面创造一种意境和想象，表达画面内在的深层含义。

声画组合是将声音和画面有机地结合在一起，共同表达电视片的主题思想。声画组合有三种方式，具体如下。

（1）声画统一。所谓声画统一就是视觉形象和听觉形象协调统一，语言、音乐、音响各声音元素在基本内容、时代色彩、环境特征、人物情绪上与画面风格基本统一。

（2）声画并行。所谓声画并行是指声音与画面在两条线上并行发展，二者之间若即若离，表面游离，实质上是“貌离神合”。通过声画并行调动观众的联想，去理解声画结合后新的意义。

（3）声画对位。所谓声画对位是指在相反、对立的关系中，通过对立双方的反衬作用，表现出更为深刻的思想意义，从而收到更加感人的艺术效果。

声画对立使用得当，会使艺术效果更为强烈；使用得不当，则可能表意不明，使观众感到费解。所以，声画对立手法在运用时要慎之又慎，切不可滥用。

二、掌握镜头长度的取舍

镜头长度的取舍是画面组接技巧的主要内容。一个镜头稍长一些或稍短一些，对画面效果的强弱都有很大的作用。画面编辑的任务就是要正确选择对观众印象最深、感染力最大之处来切换镜头。决定镜头长度首先要了解不同景别的不同范畴和作用。

1. 景别的作用

电视景别一般分为远景、全景、中景、近景和特写五大类。这些不同的景别可以在同一角度、同一焦距下与被摄体的不同距离拍摄而成，也可以用同一角度、同一距离上的不同焦距的镜头（或变焦距镜头）拍摄而成。

景别不同，表现内容和功用均不相同。我们在前面的项目中也了解过不同景别所表达的不同作用，在此再次对景别的作用进行复习。常用的这五类景别的作用如下。

（1）远景。远景为“远取其势”，主要表现气势，气氛，环境全貌，场面的规模、范围及重要运动对象的动势。如地理环境、自然风貌、战争场面、群众集会和田园风光等。在远景中，人物常常处于环境的空间深处，只能表现出人物的动势而不能表现出具体动作。在电视片中常以远景镜头作为开篇或结尾画面，或作为过渡镜头。

（2）全景。全景是用来表现人物全身的。人物所处的环境仍是全貌，但人物和景物环境关系、空间位置更加明确。它具体表现主体人物活动的环境全貌，以表现气势、创造气氛为主。全景带有造型和叙事的作用，既表现气势，在有人物的全景中又能看清人物具体的行动，通过对人物形体动作的表现来反映人物内心情感的心理状态。

（3）中景。中景主要表现人的动作。中景里环境气氛的表现已退居次要地位，而人物的动作处于前景。中景的景别具体是指人物膝部以上的活动，多表现两人以上的群像，着重展示人物之间的动作对话、情绪交流和反应。因此，它带有叙事性质。

（4）近景。近景是指表现成年人胸部以上的活动。近景“近取其神”，主要表现人物的表情，即使有动作也只能看到手势，背景更退居于后。因此，近景多表现一个人或两个人的景别，容易产生一种交流感，着重通过人物的外在表情或人物对话来揭示其内心活动、刻画人物性格特征。

（5）特写。特写常用来从细微之处揭示被摄对象的内部特征及本质内容。特写画面内容单一，可起到放大形象、强化内容、突出细节等作用。

总之，特写镜头在电视节目中如同诗歌中的“诗眼”、音乐中的“重音符”、语言文字中的“！”，由于其空间关系的独立性，可以很自然地成为画面语言连接的纽带和重心，是节目编摄者需着重注意、着力表现的一个景别。

2. 镜头长度的确定

镜头长度的确定依据三个因素：内容长度、情绪长度和节奏需要。首先镜头的长度的确定很难有一个统一的规范，对于不同的镜头来说，画面内容有繁有简，镜头长度也有不同的要求，应该对各种镜头的长度分类把握。

（1）内容长度。以反映事实为题材的各类非虚构性电视节目中配有的画外解说的镜头为例，这类镜头对于固定镜头来说，可以用景别作为确定长度的主要参照依据，一般来说远景、全景等景别大的画面，它所包含的内容多，观众要看清楚这些内容所需要的时间也就多，镜头也就要求长些。

不同的景别需要的长度：远景可在 6 ～ 8 秒之间，全景可在 5 ～ 7 秒之间，中景可在 4 ～ 6 秒之间，近景可在 3 ～ 5 秒之间，特写可在 2 ～ 4 秒之间；对于运动镜头来说，应该遵循运动镜头的一般规则，起幅、落幅要有 1 ～ 3 秒的长度，相当于把起幅、落幅，视为一个较短的固定镜头，而中间运动部分的长度可以根据表达的需要灵活确定，一般来说不要太长。一个摇镜头用 13 ～ 15 秒就可以了。由此可见，运动镜头比固定镜头要长一些。

镜头长度还要根据活动着的画面各部分引起观众注意的不同情况来决定。一般情况下，在画面中，如果画面主体处在近处、亮处或是运动的、快速的，镜头长度只要能让观众看清即可；相反，如果画面主体处在暗处、远处或是静止的、慢速的，那么长度就要适当延伸，让观众的视线首先注意的部分转到主体上，留足观众视线转移的长度。

（2）情绪长度。情绪长度是起着制造气氛、表现某种主观情绪的描写性镜头。描写性镜头大都用近景、特写来表现内在情绪。最好的镜头长度要比现实生活的内容要长一些，在情绪、气氛对观众的感染力最强烈的时候切换。

（3）节奏需要。确定镜头长度的另一个重要依据是节奏的需要。镜头长度影响着屏幕形象的节奏，节奏缓慢的段落，镜头要稍长些;反之，快节奏段落中，镜头长度可短些，以造成紧迫感。如为了加快镜头组接的节奏，表现激烈、急促的气氛，可以把几个、甚至十几个极短的镜头快速切换；反之，如果为了放慢镜头组接的节奏，就可以特意选用一些较长的镜头。

三、电视的节奏

节奏是运动的产物。影视作品的节奏是指主体运动、镜头长短和组接所形成的电视片的长短、起伏、轻重、缓急、张弛、紧张或松弛的心理感觉。节奏贯穿于整个影视的编辑过程。

影视节奏主要由镜头长短、镜头内全主体情绪和组接的方式构成。

影视作品主要有外在节奏和内在节奏两种形态。外在节奏是通过主体的运动、镜头的运动、镜头的切换频率等外在的形式化的物质形态构成的。而内在节奏是由影视片叙述中情节的内部冲突起伏产生的，它表现为一种内在的叙述观念。内在节奏和外在节奏是相辅相成、有机统一的。

电视片应该对观众有吸引力和感染力。要做到这点，一是将事情向观众交代清楚。即画面所叙述的内容应具有相当的吸引力而且能让观众看得清楚。如总统遇刺、精彩球赛等内容的节目本身就具有相当的吸引力，但吸引和震撼人的内容毕竟是少数，在大多数情况下要增强电视的感染力，还应考虑如画面造型、叙事结构方式和情绪把握等多种因素。二是节奏，每一部电视作品都有其独特的节奏，它可以增加电视的感染力，体现艺术的魅力。可以说，没有节奏，就没有电视艺术。因此也有人说，剪辑工作的百分之九十是处理节奏。

1. 什么是电视节奏

节奏是运动的产物。《辞海》对节奏的注释有二。其一，节奏是古代法制上的术语，与礼义并列。《礼·乐记》有：“节奏，谓或作或止。作则奏之，止则节之”。其二，节奏本是一个音乐术语，指的是由节拍的强弱或长短交替出现形成音乐运动的合乎一定规律的轻重缓急。

宇宙万物都在运动，白天黑夜、季节变换、冷暖交替皆是自然变化的节奏。影视作品由一系列活动的画面、运动的镜头排列组合而成，每一个电视画面都由造型、活动的人和物构成，再加上拍摄中运动的摄影就形成了运动的镜头，而活动与运动自然就形成了影视的节奏。影视作品中影调的变化、镜头分切的快慢、运动的速度都影响着影视作品的节奏。节奏体现了一部影视作品的艺术表现形式，也体现了作者内心的情感世界。

节奏的表现形式是一种连续而又有间歇的运动。而影视是时间和空间的结合体，其节奏的自然表现在时间的流程和空间的运动形态上。另外，影视是一门声画结合的艺术，其节奏既依附于活动的影像中，又依附在声音里，是视觉与听觉节奏的有机结合。

在影视作品中，节奏常常是通过创作的多个环节来实现的。如情节的发展，人物心理变化及形体的语言动作，画面造型、色彩、影调的组合与对比，镜头的运动速度和长度的变化，镜头的角度与景别的变换，镜头的转换与组接，语言、音响、音乐的轻重缓急都会形成节奏。一般情况下，影视作品的节奏表现形态与速度是相吻合的。但视听语言是由多种元素合成的，其表现形态也具有多样性。有时，紧张的节奏可以配以慢速度的运动。如赛马，一方面是观众欢呼紧张激烈的场面，另一方面是经过处理的马慢跑的画面。一张一弛的画面组接便营造了一种紧张的气氛。而有时需要慢的节奏，又可以穿插快的节奏镜头。如一个人读着信，读到高兴之处，就突然奔跑起来。这也是以快衬慢，营造了一种强烈的节奏感。

之所以存在以上的节奏表现形式，主要是影视作品中存在着内在节奏和外在节奏两种形态。内在节奏是由情节发展内在矛盾冲突或人物的内心情绪起伏而产生的节奏，可通过人物的言语动作、场面调度和蒙太奇的手法来实现。而外在节奏是由画面上一切主体的运动及镜头转换的速度产生的。内在节奏与外在节奏一般是统一的，但有时也不是统一的。不管怎样，必须根据影视作品的内容和结构要求来安排节奏，并力求做到内在节奏和外在节奏的有机统一。处理节奏必须根据作品的内容和结构仔细体会剧情发展、人物心理和情绪的变化，把握好作品的节奏脉搏，以便在编辑时找到一种与之相适应的节奏。

影视作品是由单个镜头构成段落，再由段落构成全体。故一部影视作品从其组成来说可分为总体节奏和段落节奏。总体节奏决定段落节奏，段落节奏构成总体节奏。从节奏的表现形态来说，影视作品的节奏又可分为平稳、跳跃、流畅、凝滞、对比和重复等。

从观众的直觉感受上说，节奏又可分为视觉节奏和听觉节奏。视觉节奏是通过镜头画面形象表现出来的，如影视片中的场面调度、人物表情动作、摄影机的运动和蒙太奇组接中镜头的长短等，一切诉诸视觉的运动都构成了视觉的节奏。而听觉节奏是通过听觉形象表现出来的，如人物的声音、同期声、音乐和音响等一切诉诸听觉并有规律地交替出现的声音层次。视觉节奏和听觉节奏是不可分离的，它们都是构成影视作品节奏的重要元素，共同为形成影视作品的统一节奏服务。

节奏从其叙述的结构上可分为简单节奏和复杂节奏。简单节奏可通过前进式或后退式的句子和镜头长短的选取构成简单的上升或下降的节奏。而复杂节奏则由规则与不规则的镜头组成的循环句子构成。这种节奏表现有张有弛，能制造出一种特定的气氛。

影视作品的节奏是在编辑中完成的。编辑中要根据作品的内容和结构的需要，把握好总体节奏，兼顾视听元素，综合考虑，做好内、外节奏的有机统一。

2. 影响影视节奏的因素——镜头

影视节目的节奏与镜头有着密切的关系。镜头的长短、镜头的内容、镜头的运动等都对影视节奏产生影响。特别是镜头的长短是编辑中一个令人感到头痛的问题。因为不同镜头的长短会形成不同的剪接关系。它对整个影视作品的声、画定格，情绪的渲染及叙事的清晰明了产生直接的影响，从而决定了影视的节奏。那么，如何决定镜头的长短呢？

（1）叙事清楚。在影视的叙述中，镜头景别的大小直接影响观众是否能看清楚画面内容。一般如远景镜头内所包含的内容较为复杂，而小景别，如近景、特写镜头内所反映的内容就简单些。镜头内容少而纯的画面，观众可在较短的时间内看清，镜头可选短一些，而镜头内容多且杂的画面，观众要用较长的时间才能看清楚画面内容，镜头长度可选长一些。

相同的镜头景别，由于其画面中人物关系的复杂性质、事件的复杂程度、声源的多少、对内容的关注程度多少和快慢等内容因素，以及画面构图的复杂程度、光线的明暗、动作的快慢等造型因素，都会在很大程度上影响到吸引观众注意的速度和使观众看清同一景别中画面内容的速度。

同时，由于观众的文化水平的高低不同以及对影视表现手法的熟悉程度不同，对画面内容的理解速度就有所不同。因此，我们在选择镜头的长度时，必须考虑到不同的对象。给文化程度高的观众看的节目，镜头长度可短一点；而给文化程度低的观众看的节目，镜头长度可长一点。因此，在剪接时，必须综合考虑各种因素来决定镜头的长短。镜头在影视片中的以叙述为目的的有效长度称为镜头的叙述长度。

一般来说，多分切、短镜头、小景别镜头、前进式句子能加快节奏；反之，少分切，多用长镜头，摇、移、推、拉的速度较慢，多用大景别镜头，能减慢节奏。但是，不能纯粹为了节奏而忽略了每个镜头的内容。有时某个镜头可以在很短时间内很好地表达出其含义，而另一个镜头需要花费比它多几倍的时间。因为每个镜头都有其情节，而每个镜头的情节有简单有复杂，如单纯追求节奏，而使情节表达模糊不清，那就得不偿失了。

同时，在考虑镜头的长短时，还要考虑上、下两个镜头的情节因素。如果向观众展示一个观众熟悉事物的镜头，选择镜头长度可以短一些，而向观众展示其较陌生或出乎观众意外的事物的镜头，可选择镜头长度长一些。因此，为了使观众理解每个镜头所表达的全部含义，必须让镜头在屏幕上停留的时间保持在一个最低限度的时间。这个最低限度的时间是由每个镜头本身的景别大小、内容和所包含的变动量以及上下情节的复杂程度等因素综合决定的。总之，在编辑时，选择镜头的长度要充分考虑镜头景别大小、内容、情节等各方面因素，既要保证镜头意义的清楚表达，又能形成一种需要的节奏。

形成快节奏的另一个方法是进行剪辑速度的变换。因为在叙述一个剧情段落镜头时，如果全用剧情高潮时的速度进行剪辑，会使观众感到疲劳。因此，我们可以用前后镜头速度的对比来给观众一种持续的紧迫感。变化速度的镜头比不变速度的镜头给观众产生的节奏感要强烈一些。如表现隐藏的定时炸弹将要爆炸前的情景，用长镜头分切人们悠闲看书、散步、在露天酒吧喝酒聊天，又用短镜头分切炸弹、定时器，这种慢与快的节奏相结合，可使观众产生更快的节奏感。所以，采用慢、快相衬的节奏可产生的紧张、快速的节奏感。可见，精确地选择镜头的长度是与各个镜头的内容密切关联的。

（2）叙事的感染力。我们用“感动调子”来表示影视作品对观众的感染力。根据画面对观众感染力影响的情况而画出的曲线，叫感染力发展曲线，即“感动调子”。

一般采用前进式句子叙事增加对观众的感染力，例如下面这组分镜头：

远景：从东单公园摇到绿色树荫深处的北京医院。

远景：北京医院。

全景：北三楼 138 号病房。

中景：年老的女病人。

近景：头发苍白，面容憔悴。

大特写：脸上刻满了皱纹。

这组镜头由远景—全景—中景—近景—特写组成一个前进式的叙述句子，观众随着视距的一步步前进，面对画面主体的表现越来越突出，带给观众的情绪感染力也越来越强烈，观众的感动调子曲线上升。

如果采用后退式句子叙事，则观众所受的感染力逐渐减小，其情绪曲线下降。

例如，下课铃响，学生们收好课本，背起书包，离开教室，他们通过学校大门，走过一座小桥，沿着前面和左右的大路散开，三五成群地走回家。

可用如下一组分镜头表示：

特写：电铃响。

近景：学生收拾课本，背起书包。

中景：学生们走出教室。

全景：学生们走出学校大门。

大全景：学生们走出学校大门，通过小桥，沿着左右大路步行回家。

这组分镜头是由特写—近景—中景—全景—大全景组成一个后退式句子，镜头视距越来越远，主体渐渐消失在屏幕中，画面带对观众的感染力降低，观众的情绪也就随着主体的变小、渐失而下降。

也可采用循环式句子，使观众的情绪先上升后下降或先下降后上升，使观众情绪有张有弛，形成强烈的节奏感。如叙述兽医的耕牛针麻手术，分镜头如下：

全景：兽医们在做手术前的各项准备工作，前面的人给银针消毒，后面的人做其他准备。

近景：站长在消毒银针。

特写：给耕牛进行穴位消毒、银针插入。

近景：拨动电麻器开关，通电。

全景：耕牛倒下。

这一句子是循环式句子，随着视距的逐渐变近，观众受感染力增加，情绪上升，而后面视距又逐渐变远，对观众的感染力减小，情绪曲线下降。

上述情绪发展曲线是指画面的景别对观众情绪感染所起的作用。

由以上情绪发展曲线可以知道，如果要制造一种紧张的情绪上升的节奏感，可采用前进式句子，使在一定长度的放映时间内所包含的镜头个数多，即剪接率高；要营造一种平稳的情绪下降的节奏，可采用后退式句子，使后面镜头长度越来越长，剪接率下降；而制造一种张、弛的节奏感可采用循环式句子，使观众情绪有张有弛，形成一种强烈的节奏感。

一连串短镜头的连接可形成特定的节奏，给观众强烈的视觉和心理冲击力以及强烈的情绪感染力，从而产生特殊的效果。如爱森斯坦在《战舰波将金号》中，通过对一头静态的石雕狮子的快速组接，使这头石雕狮子给人以动起来的感觉，以此来象征人民的觉醒。这种对人的视觉和心理的震撼力源于镜头的快速组接，并给人以强烈的刺激。这种震惊感触会在人的视觉、听觉和触觉等多方面的生理、心理上形成瞬间停留，如果在剪接影视作品中利用这种人的生理特性，可以形成特殊的积累效果，以营造一种节奏来增强刺激感。

如果在内容调子曲线上升到最高峰的时候把镜头剪断，转换到下一个镜头，那么，下一个镜头的内容调子便不是从零开始，而是从前面那个镜头的内容调子曲线的高峰开始。这是因为，镜头虽然已经转换，但观众的情绪不会立即下降、消失，而会为下一个镜头所继承，也就是加到下一个镜头中去，成为下一个镜头内容调子上升的基础。这种现象叫作情绪积累。在一定的条件下，通过这样一次又一次的情绪积累，可以把观众情绪一步又一步地推向高峰。

这种通过剪接把几个镜头的内容调子累加起来的效果，叫作剪接调子。反映剪接调子所形成的曲线称为剪接调子曲线。这是影视艺术特有的表现技巧。

但是如果前面的镜头太短，尚未把观众的情绪提高到应有的程度便剪断；或者镜头太长，在观众的情绪下降以后才转换，便收不到情绪积累的效果，剪接调子也可能等于零。

但是观众的情绪不可能总是处于高涨，剪接调子曲线不可能持续不断地上升，因为不断上升的情绪最终会使观众感到疲劳而使其情绪下降，这就是积累与制约的关系。事物在一定时间内的发展是有一定限度的。如一个人听到什么好消息，立即面露笑容，高兴地把好消息告诉自己的亲人朋友，甚至大声呼喊、喝起酒来、跳起舞来。但这种情况总不能无限制地发展下去，高兴到达高潮、顶点之后，便会逐渐下降，甚至急促地下降。这是内容调子给剪接调子造成的制约。在表现同一事件的各个画面中，越为观众所熟悉的画面，其内容调子曲线会下降得越快。为了在其下降前剪断，便造成了镜头越来越短、剪接越来越大的趋向，这是减少制约效果、使剪接调子继续上升的办法。

在使用积累效果这一特殊技巧时，要注意：第一，并不是所有的情节都可以获得明显的积累效果，它只是在描写紧张、危急、千钧一发的情况时才显著地出现；第二，剪接调子是不能无限制地上升的，到了一定程度会下降，当积累效果积累到饱和状态，即剪接调子上升到顶点时，就是矛盾得到解决之际，积累效果便会像自行车胎放气一样很快消失，即观众的紧张情绪随即恢复平静。

以上我们讲了节奏与镜头长短的关系。但许多时候并不是简单地根据内容和感染力来决定镜头的长短。不同的影视作品，其内容情绪结构总体节奏都不同，所以在不同的片子上，镜头的长短是相对的，必须与内容和总体结构相结合。

（3）叙事的情绪因素。影视作品的镜头除了叙述性的画面外，还有描写性的画面，以用来描绘某种情绪、气氛或形象。描写性镜头所表现的主体有两种情况：一是情绪静止的；二是情绪变化的。对情绪静止的主体，如工艺品、绘画等，其镜头长度可根据叙述性的镜头来选取；欣赏性较强的镜头则必须稍长一些，以满足观众的观赏要求。对于情绪变化的主体，如人物，镜头和长短由以下两个因素决定。

- 画面中主体情绪发展所经历的时间长短。
- 根据主题思想或剧情的要求，决定取多长的情绪发展过程。

如某人收到一封家信，起初情绪高兴，但拆开一看，写的是她母亲突然病倒进了医院的消息，她的情绪立即发生变化：由高兴变为担忧、不安。这时用的是近景甚至特写镜头，观众能很快地领会画面的内容。但是，因为镜头是描写情绪变化的，所以它会用相当长的镜头长度表现人物情绪的变化。由此而定的剪接点，我们可称之为情绪剪接点。描写性镜头有时也包含叙述性在内，如上述描写某人看家信的情绪变化镜头，同时叙述了她接到家信、拆开、阅读和不安的过程。

一般来说，不同情绪的描写有不同的节奏形式，就像人处于不同情绪状态下，有不同的心率一样。在情绪性的描写中通常用较快的节奏来表现愉快、兴奋、激奋等情绪；而用较慢的节奏表现忧伤、无奈、悲痛的情绪。但是在表现较为复杂的情绪变化时，就很难用一种简单的方式表达了。如哭笑不得、高兴或悲伤到了极点等相矛盾的状态，用一种慢的节奏表示欣赏，或用一种快的节奏表现一种过度的伤感等。许多时候，又因为情绪的多变不定，表现时需要用变化的综合节奏形态。

四、内在节奏与外在节奏的有机统一

我们知道，影视作品的节奏形态可分为内在节奏和外在节奏。内在节奏即叙述性节奏，以客观事物本身的发展为依据的节奏。具体地说，就是电视节目中事件情节发展的强度和速度的变化使观众情绪随之紧张或松弛形成的节奏。外在节奏是表现为一种外在的物质形态，可以用视觉、听觉直接感受，是由于拍摄中主体运动包括语速与动作、摄像机镜头的动作、镜头组接时切换频率不同产生的镜头外部的运动、音乐的节律、解说词的语速等形成的节奏。

内在节奏与外在节奏是不可分离的。它们必须在编辑这道工序上进行有机的统一。尽管在表现形态上，它们有时可以有局部的形式的不一致，然而在深层结构上，它们必须是一致的。外在节奏既要考虑到镜头段落的相对独立性，又要保持与影片总体的内在节奏的有机统一。节奏最终是为叙述目的服务的，它要与情节叙述中低潮、回转、发展、高潮、结局等发展曲线的起承转合、张弛相生的节奏效果相呼应。例如，内在节奏紧时，外在节奏就快；内在节奏松时，外在节奏就慢；内在节奏变化时，外在节奏也随之变化。然而它们之间也会有不一致的情况。当然，这种不一致是为了取得更好的叙述效果而采用的一种手段。因此，外在节奏与内在节奏的不一致只是暂时的，是一种形式上的分裂，但从深层意义上来说，它们是一种更深更紧的结合；是一种本质意义上的统一。这也是外在节奏依附内在节奏并为内在节奏服务的证明。

节奏是为表现主题思想服务的。在设计一个影视作品的结构时，必须同时把节奏设计好。应根据主题思想的要求、故事情节的发展和主要人物内心活动的起伏，设计好节奏。必须使观众能感到事件发展的节拍、人物内心的跳动，使节奏有紧有松，恰到好处。

剪接率是指在一定长度的一组画面中镜头切换的频率（次数）。剪接率是由镜头长度来决定的，镜头短则切换次数多，剪接率高；镜头长则切换次数少，剪接率低。可以说，剪接率是决定作品节奏快慢的一个重要因素。因此，把握好镜头的长度和剪接率对于增强电视作品的表现力和感染力具有十分重要的意义。

思考与练习

1. 简述正面拍摄、侧面拍摄和斜侧拍摄的特点。
2. 什么叫特写？
3. 叙述近景、中景和全景镜头的特点。
4. 一个标准、规范的运动镜头拍摄要求包含哪几个部分？
5. 拍摄操作有哪四个基本要领？各要领的含义是什么？

项目10 电视节目（栏目）后期制作

项目导读

随着电视行业的飞速发展，电视节目（栏目）作为发展历史长远、内容越来越丰富的娱乐方式之一，人们对其展现出来的最终形态也越来越重视。除了精良的内容，精细精美的包装也是电视节目（栏目）吸引大众眼球的一个非常重要的因素。除此之外，电视节目（栏目）本身的定位也会影响收视。本项目将带领大家认识电视节目（栏目），了解电视节目（栏目）的定位，从电视节目（栏目）包装上认识后期制作的具体内容。

教学目标

- 认识电视节目（栏目）
- 掌握电视节目（栏目）如何定位
- 了解电视节目（栏目）后期包装概念
- 掌握电视节目（栏目）后期包装流程
- 掌握电视节目（栏目）后期包装原则

任务　设计电视节目（栏目）包装

任务描述

在市场经济的环境下，推介品牌、推介形象是一项非常重要的战略环节，而且在这一环节中，视觉传达——包装又是一个极为重要的元素。当今是“注意力经济”时代，在众多纷繁产品的环绕下，没有包装或包装粗糙的产品是无法引起足够的注意力的，那么也就无法立足。包装的意义不单单是对内容的外在形式上的美化、修饰，更是关系到生存的问题。电视节目（栏目）的包装同样也是节目（栏目）内容有效传播的重要部分，是当今任何制片单位在节目（栏目）制作上都不可忽视的一项工作。由于电视包装与策划是一项系统工程，针对一个节目的包装需要在频道包装和栏目包装的前提下来实施，因此我们在下面还将谈及有关频道包装和栏目包装等内容。

任务要求

熟练掌握电视节目（栏目）的包装流程和原则。

知识链接

电视节目（栏目）包装概念及要素

1. 电视节目（栏目）的包装概念

说到包装，似乎大多数人都知道它的意思，但对电视包装的定义、内涵和外延、作用却很少有人做过更深入的研究和探讨。其实，包装是借用的词，一般意义的包装是指对产品进行包装。之所以把包装用到电视上，是因为产品的包装和电视的包装有共同之处。电视节目（栏目）包装的定义是对电视节目、栏目、频道甚至是电视台的整体形象进行一种外在形式要素的规范和强化。这些外在的形式要素包括声音（语言、音响、音乐、音效等）、图像（固定画面、活动画面、动画）和颜色等要素。

电视节目、栏目、频道的包装可以起到如下的作用：突出自己节目、栏目、频道的个性特征和特点；确立并增强观众对自己节目、栏目、频道的识别能力；确立自己节目、栏目、频道的品牌地位；使包装的形式和节目、栏目、频道融为有机的组成部分；好的节目、栏目、频道的包装能赏心悦目，本身就是精美的艺术品。

包装是电视媒体自身发展的需要，是电视节目、栏目、频道成熟稳定的一个标志。如今电视观众每天要面对的是几十个电视台和电视频道，几十种类型的节目和栏目。各台、各频道、各栏目之间存在着非常激烈的竞争。观众既有主动的选择权，又有非常大的盲目性。在这种情况下，包装所起的作用是不言自明的。重视商品的包装和广告推介是商家们的必要策略，电视节目、栏目、频道的包装应该和商品的发展有一定的相通之处。作为同时播出的几十个频道来说，被电视观众选择就是成功；而没有被选择，一切辛苦和投入就等于零。被观众选择的重要条件是了解，包装则是了解的最直接的手段。

2. 电视节目（栏目）的包装要素

（1）形象标志。节目、栏目、频道都有一个 CI 形象设计，也就是最基本的形象标志，这是构成包装的要素。在不同的情况下，形象标志有各种变化，但“包装”构成的要素一般是比较稳定的。频道的形象标志一般展现在角标和节目结尾落幅上。如中央电视台最早的形象标志是电子图形的变动轨迹。好的形象标志的设计，能使人过目不忘，深入人心，使观众快速判断出自己看的是什么节目、什么频道、什么台，便于观众一下子就捕捉到想要看的节目，所以形象标志设计对于电视包装是非常重要的。形象标志最多的使用是放在电视屏幕左上角，也可使用在频道的包装宣传片中，在频道中滚动使用。由于相较于电视台中的各种节目（栏目），形象标志播出的频率最高，影响最大，最具冲击力、影响力，能起到推广和强化频道的作用，所以它一方面能增强节目或栏目的段落感和节奏感，同时也能使不相关的节目或栏目在统一的标识下贯通起来，增强频道的整体性。在电视包装中，应该把形象标志的设计和制作作为重点。形象标志设计的基本要求是醒目、简洁、特点突出、有时代感，地方台或专业频道如果能体现一些地方特色或专业特色就更好了。

（2）颜色。根据频道、栏目、节目的定位，确定包装的主色调。主色调可以是单色，也可以是复合色。如中央台一套是新闻为主的综合频道，所以其色调以蓝色为主，凸显一种冷静、客观的形象；CNN 也是蓝色基调。文艺性的频道和栏目在一般情况下是暖色调，色彩相对艳丽一些，凤凰台是以艳丽黄为自己的主色调；北京有线台推出的生活频道是以淡蓝、淡黄为主的基调，推崇纯净、时尚，立足于城市观众和青年观众。所以，颜色设计是电视包装的基本要素之一。它的基本要求是颜色协调、鲜明、抢眼，但不刺眼，能与整个节目、栏目或频道的基调相吻合，能保持和节目、栏目、频道的风格相一致或给予有效的补充。

（3）声音。声音包括语言、音乐、音响和音效等诸元素。声音在电视包装中起着非常突出的作用。在好的电视包装中，音乐应和形象设计、色彩搭配有机地成为一个整体，无须看到画面，观众就能判断出是什么频道和什么栏目。一听就让观众有亲切感，让观众感到是自己的亲密朋友在呼唤自己。要做到这一点，一是在设计时要符合频道或栏目定位，力求达到高质量；二是要保持相对的长久和稳定，因为时间能培养观众，并能塑造声音的形象品牌。

好的电视栏目、频道的音乐形象还应注意突出地域、民族和人文特色，注意汲取多年流传的音乐精华，尤其要注意使声音的节奏与自己的节目、频道风格和节奏的统一。旋律尽可能地简洁，力争过耳不忘，常听常新。

任务实施

一、电视节目（栏目）包装流程

要仔细周密地研究所要包装的电视节目、栏目的定位，主持人的形象品位及电视台的理念、定位。把节目栏目最吸引观众的地方、最有特点的地方找出来，以确保包装能符合媒体本身风格、符合节目风格、符合主持人风格，并制作出短小精悍、含蓄和感染力强的包装宣传片。

要做好一个形象宣传片，首先应该了解电视节目栏目的定位和理念是什么。然后围绕理念展开丰富的想象和联想，列出一个分镜头提纲，之后与客户仔细研究权衡，排除不合实际的设计，形成定稿，再进行下一步的拍摄。具体包装流程如下。

（1）确定将要服务的目标。

（2）确定制作包装的整体风格、色彩节奏等。

（3）设计分镜头脚本，绘制故事版。

（4）进行音乐的设计制作与视频设计的沟通，拿出解决方案。

（5）与客户沟通制作方案，确定最终的制作方案。

（6）执行设计好的制作过程，包括 3D 制作、实际拍摄和音乐制作等。

（7）最终合成为成片输出播放。

二、电视节目（栏目）的包装形式

电视节目、栏目、频道包装有多少种形式并没有统一的说法，但总的来说应包括以下几种形式。

（1）以形象标志为主的频道标志的位置设置和出现方式的设计。

（2）电视台或电视频道的形象宣传片。

这些形象宣传片又可分为以下几类。

1）抽象的频道宣传片。如中央电视台播出的“传承文明，开拓创新”“有形世界，无限风光”等宣传片，这种看似没有具体台名的宣传，确定了电视台的传播理念和电视台的无形形象。

2）具体的形象宣传片。具体的形象宣传片有三种：一是具体的频道和电视台的呼号宣传片，如“您收看的是中国中央电视台”，以音乐、画面、声音为支撑的“中央电视台真诚为您服务”等；二是由主持人、名牌栏目片头等构成的频道宣传片；三是将报道内容通过画面组接构成的宣传片，如有的新闻频道将自己报道世界新闻的最经典画面组合在一起，制成频道宣传片。如中央电视台第二套节目确定为《经济生活服务频道》就制作了节奏平和、画面优美的片子作为频道宣传片。

3）频道的形象宣传。电视台主要标志在频道中相对统一又各带特色，放在节目之后的落幅。中央电视台在做第二套节目包装时对整个九套节目都设计了由中央电视台、CCTV 和频道定位所组成的落幅。其中 CCTV 和中央电视台的字体标识是统一的，频道定位和频道数字则是有区别的，每个落幅 3 ～ 5 秒，这样统一看是中央电视台整体中的一个频道，具体又可识别出是中央电视台的哪个频道。

（3）总片头。总片头是一个频道开播时和一个频道的重要时段起始时所用的片头，应该最集中体现出一个台、一个频道的定位、理念、内容甚至频道风格。中央电视台的总片头包括频道开播的统一包装内容和新闻联播前播出的国旗、国歌，这是中央电视台最重要的频道包装标志之一，它不仅是对国旗、国歌的宣传，也是中央电视台作为国家电视台的重要标志。

（4）晨曲和晚曲。这是一个台或频道在开播前和结束前通过优美的音乐和画面配以节目预告使观众轻松自然地调整收视状态的包装形式。中央电视台是从 1998 年 6 月 1 日开始推出晨曲和晚曲的，并已成为中央电视台整体包装的组成部分。

（5）电视频道中的节目导视片。我们通常把这种导视片叫作收视指南。它也是包装形式之一。由于收视指南播出频率高，能起到引导观众收视的作用，同时也能通过收视指南中反复出现的频道宣传片来强化频道和台形象的宣传。

（6）请您欣赏。一个台或一个频道在播出中总会有一些间隙以保证下一个栏目的准时播出。如何利用好这个间隙，使观众不换频道也能进入下一个栏目是做电视包装要考虑的，这就是各台经常播出的“请您欣赏”。1998 年，中央电视台开始把“请您欣赏”纳入整体节目包装中，统一设计式样，包括字幕的式样、画面质量要求和音乐的配置。内容定期更换，起到整个频道中包装花絮的作用。

三、电视节目（栏目）包装原则

电视节目、栏目应该是整个电视频道包装的一部分，在设计上应与频道的整体形象统一；另外，电视节目、栏目的包装应该小于频道包装，栏目、节目的形象宣传不能比频道的还要大；包装设计时要充分了解当前最先进的电视技术手段，结合广告制作的最新理念，使电视节目包装确立在超前的创意、最先进的技术设备基础之上．这样才能实现电视节目包装的独到性与风格化。

1. 统一的原则

电视节目、栏目、频道包装一定要遵循统一的原则，不统一就失去了包装的意义。统一应包括四个方面：第一，与全台整体形象 CI 设计的统一；第二，频道中各个节目、栏目的包装要素（声音、形象、色彩）应该相对统一；第三，全台各频道的统一，一个台可能有几个频道，各频道的内容有不同的定位，但代表全台形象的标志、声音等各频道应该统一。在这个基础上，各频道再根据自己的特点和定位来突出自己的频道特色。台的形象永远大于频道形象，频道形象大于栏目、节目形象。在频道、栏目包装单看可能不错，但与全台的形象设计发生矛盾时，那就应该无条件地服从统一的原则。

2. 规范的原则

规范的原则分为三个方面：第一要有相对科学、规范的设计。各方面都要有具体细致的规范性要求；第二要强制推行设计规范，全台要有必须执行规范的强制性手段和明确要求；第三要有制定和推行包装规范的机构和强制实施的部门，这个部门一般都设在总编室。

3. 渐变原则

任何事物都不是一成不变的，包装也是如此。但这个变化的过程应是一个渐变的过程，而绝不是突变。要知道，树立一个品牌不易，而扔掉一个品牌很容易，扔掉再找回来更要付出成倍的代价。渐变原则应考虑以下几点。

（1）采用新的技术手段使原有的包装形式更现代、更时尚，但注意更换不要过于频繁。

（2）在不失原设计模式的基础上略作更现代、更醒目的变形。

（3）推出全新包装形式之前可采用新旧交替并行使用，一直到新的包装已完全被观众认可并接受再彻底废掉旧的包装。

（4）有特色的包装要素基本不变，变的只是要素组合的形式、次序和节奏。

4. 超前原则

这个超前主要是指设计理念和技术手段的超前。因为包装是一个台、一个频道的门面，它是一个台所有制作中播出次数和频率最多的。包装所做的一切应该是一个台节目制作最精华的部分，其精致程度应视同广告。所以频道包装设计一定要了解电视发展规律，充分认识和掌握最新的电视手段，尽量汲取节目和广告制作的最新趋势，使频道包装在电视理念上站在电视制作的最前沿。超前的创意、现代的技术设备、充分挖掘电脑非线性编辑系统的一流人才是实现一个频道包装的基本保证。

5. 特色原则

各台有各台的定位和特色。突出自己的特色，打好特色牌，才能在众多的台中站住脚。中央电视台作为国家台，它代表了党和国家的形象，因此必须突出庄严、大气、恢宏的特色。国旗、国徽、国歌、长城、天安门必然成为突出国家形象的首选图形。而各省市台可以根据不同的地理位置、不同的文化背景和民族民风来包装自己的台。西北的大漠孤烟、江南的小桥流水、巍峨的黄山、五岳之首的泰山等都可以成为一个省市台区别其他台的包装特色。总之，突出特色、突出个性，区别于其他台是包装不可忽略的一个重要原则。

四、电视节目（栏目）包装举例

目前，内地电视媒体在包装方面处在领先地位的非中央电视台莫属。像中央一套（综合频道）、中央三套（戏曲综艺频道）等专业频道的频道形象包装设计和栏目包装设计就十分突出。自 1998 年 6 月 1 日起，中央电视台在频道识别系统上进行了改革，由红绿蓝三基色设计的台标，被美术字“CCTV”替代，各频道相继确立了标准色及频道形象宣传片。各省的电视台在电视频道包装方面下力气比较大的有湖南电视台、上海电视台等。海南电视台将其卫视频道定位为旅游卫视之后，以蓝绿色为标准色，保留原有台标，整个频道经过系统的包装设计后就像一缕清新的海风一样，令整个频道焕然一新，收视率大幅上升。在电视栏目方面，中央电视台的《东方时空》较早注意到了电视包装这方面的问题，取得了较高的收视率。该栏目以蓝色为标准色的包装突出地体现了冷静客观的新闻专栏的视角，具有浓厚的东方特色和较强的思想性。中央电视台的春节晚会的包装也是值得借鉴的。春节晚会在国内已有几十余年的历史，从最初的茶话会形式到现在的综合了高科技手段的综艺晚会形式，其间经历的电视包装的变化是最多的。

五、常用电视节目（栏目）包装合成软件介绍

常用电视节目（栏目）包装合成软件介绍

电视节目（栏目）的包装后期合成、制作软件有很多，目前常用的软件有 Premiere 、AE、会声会影、shake、combustion、Vegas、EDIUS、Final Cut Pro 等，下面介绍一些常用软件的功能及适用领域。

（1）Adobe Premiere Pro（PR）是由 Adobe 公司开发的一款视频编辑软件。PR 在后期编辑领域里算得上历史比较久、用户群比较多、业余界和专业界都比较常用的一款易上手、精确高效的视频剪辑软件。软件有多个版本，有比较好的兼容性。在后期剪辑中，PR 为用户提供了采编、特效、调色、字幕添加、转场音频处理等功能，充分地展现了它

在合成方面的强大功能。PR 虽然在剪辑方面比较不错，但特效方面不强，广泛使用在电视台、电台、影视公司和广告公司等专业或者非专业领域。

（2）Adobe After Effects（AE）是 Adobe 公司推出的一款图形视频处理软件。AE 可以说是制作视频特效方面的霸主，在特效制作方面功能强大，专业性强，能做出漂亮大气的视频动画效果。AE 从 1990 年开始发布第一款版本，经历了 30 余年的改版，功能更为强大。其主要功能有图形视频处理、路径绘制、特技控制和多关键帧编辑等。AE 不仅可以实现 2D 和 3D 的紧密合成，还具有强大的特效编辑功能，且兼容各种特效炫目的插件，具备良好的延展性。但 AE 在剪辑和音频处理方面的能力不如 PR，渲染速度很慢。AE 的应用比较烦琐，尽管入门很简单，但普通用户自己创造特殊特效比较难，要想学精也不容易，AE 在专业界应用得较多，各类游戏的官方 CG 片头、宣传视频也经常使用 AE 进行影视动画的后期、游戏视频制作。中央电视台的一些电影的包装、影视特效也都使用 AE。

（3）EDIUS 是新闻记者的宠儿。它是特别针对新闻、无带化视频制播和存储开发和设计的一款非线性编辑软件。EDIUS 相较于其他视频编辑软件最大的优势在于支持多视频格式、兼容识别多型号的摄像机和录像机等。EDIUS 具备迅捷、易用和可靠的稳定性和最佳的兼容匹配性，因此得到电台、电视台、自媒体等广大专业制作者和电视人的青睐，EDIUS 使用广泛，是混合格式编辑的绝佳选择。

（4）Final Cut Pro 是苹果公司推出的一款功能强大的视频编辑软件，具有先进的调色功能、HDR 视频支持以及 ProRes RAW。其采用先进的 Metal 引擎技术，支持更大的帧尺寸、更高的帧率和更多特效，还提供先进的多机位剪辑功能、多声道音频剪辑、磁性时间线、复合片段等独特强大的功能。Final Cut Pro 只能安装于 Mac OS 操作系统，但也不影响视频编辑爱好者对它的喜爱。其多运用于电视广告制作、电视包装等专业人士及业余人士的视频编辑中。

（5）会声会影软件仅可处理一般的视频 MV，使用简单，不用看教程，通过软件界面的菜单即可进行操作，但之后的色彩参数、回放、特效设定类就需要努力学习了。目前会声会影的用户也很多，能达到处理图片和视频编辑的效果，属于比较大众化的软件，适合家庭 DV 编辑。

（6）combustion 也是一款配合影视动画的非线性编辑软件，对于文本、图形、动画和声音等也有非常优秀的处理手段，制作内容不仅局限于视音频编辑、特效、抠像、色彩校正、运动跟踪和稳定，而且包括节目渲染包装、三维动画制作等，特别是对于三维动画的处理和多层图像的合成。combustion 在提供三维灯光、三维摄像机和三维容积效果等方面都有优异的表现。

（7）Vegas 功能强大，剪辑简便，自带交互式教程，对于刚入门的学习者非常的友好，而且渲染速度快，版本更新也较快。Vegas Pro10 版本新增了图像稳定、立体 3D 编辑、多摄影机的功能扩展和改善单反视频等功能。Vegas 是一个很全面的软件，很多影视后期公司和电视台都在使用 Vegas。

（8）AuroraPack是中广上洋自主研发的全新一代具备包装能力的后期非线性编辑系统，可以实现超高清的视音频剪辑、视效包装、字幕制作以及音频处理的全制作流程。其友好的交互设计使得用户使用操作更加舒适。AuroraPack不仅满足4K超高清节目的剪辑制作，还可胜任频道栏目包装、专题片、纪录片、广告片等后期综合制作的应用需求，适用于高端节目剪辑制作、专业后期包装、新闻和专题类节目等生产。

（9）剪映是抖音官方推出的一款手机视频编辑剪辑应用，同时也支持Pad端和PC端。其操作简单，但剪辑功能全面，并自带多样滤镜，模板丰富，同时支持色度抠图、曲线变速、视频防抖和图文成片等高阶功能，并提供免费教程，让新手也能快捷地编辑视频、发布视频。

视频后期软件种类多样，功能既有相同之处又有所区别，但无论使用什么样的后期软件，只要选择一款适合自己的即可。软件只要用得精，都能做出很漂亮的视频效果。

思考与练习

1．什么是电视栏目？

2．一档电视栏目应该如何定位？需要考虑哪些因素？

3．请简述电视节目（栏目）包装的流程。

4．请问电视节目（栏目）包装的原则是什么？

参考文献

[1] 魏蕾．电视谈话节目浅析 [J]．中州大学学报，2009，26（01）：72-74.

[2] 刘馨文．访谈节目的文化传播与创新模式 [J]．采写编，2021（11）：87-88.

[3] 张莹．广播电视访谈类节目策划的创新方法研究 [J]．采写编，2020（06）：72-73.

[4] 周妍．后期编辑技术在电视节目制作中的应用分析 [J]．采写编，2021（12）：46-47.

[5] 王鹏．新闻采访灯光布置方法和技巧 [J]．采写编，2021（12）：64-65.

[6] 马双江．浅谈电视节目中策划的重要性 [J]．活力，2011（14）：103.

[7] 张静民．策划时代说策划——中国电视节目策划的缘起及其作用 [J]，广州大学学报（社会科学版），2002（03）：33-37.

[8] 张静民．电视节目策划与编导 [M]．广州：暨南大学出版社，2007.

[9] 赵淼石．电视节目策划 [M]．重庆：重庆大学出版社，2016.